典籍點校整理叢刊

劉鳴珂集

〔清〕劉鳴珂　撰
張波　平靜　編校

清光緒二十八年柏經正堂刻本砭身集書影

砭身集卷四 習[illegible]

蒲城劉鳴珂伯容著
涇陽柏森子餘校刊

東萊呂氏云。父兄無識見。至有以得一第。便爲成材者。按登第乃事君治民之由。固父兄所欲。但此後有多少事業。若欺君虐民。得罪名教。其爲不材甚矣。舉世憒憒。先生之言。眞午夜鐘聲也。

伊川先生曰。人之爲學。避其所難而姑爲其易者。斯自棄也。學者必志于大道。以聖人爲期。今見有以聖人爲期者。必以怪物目之。道學嗤之矣。嗚呼。學術焉得不卑。世道焉得不壞也。

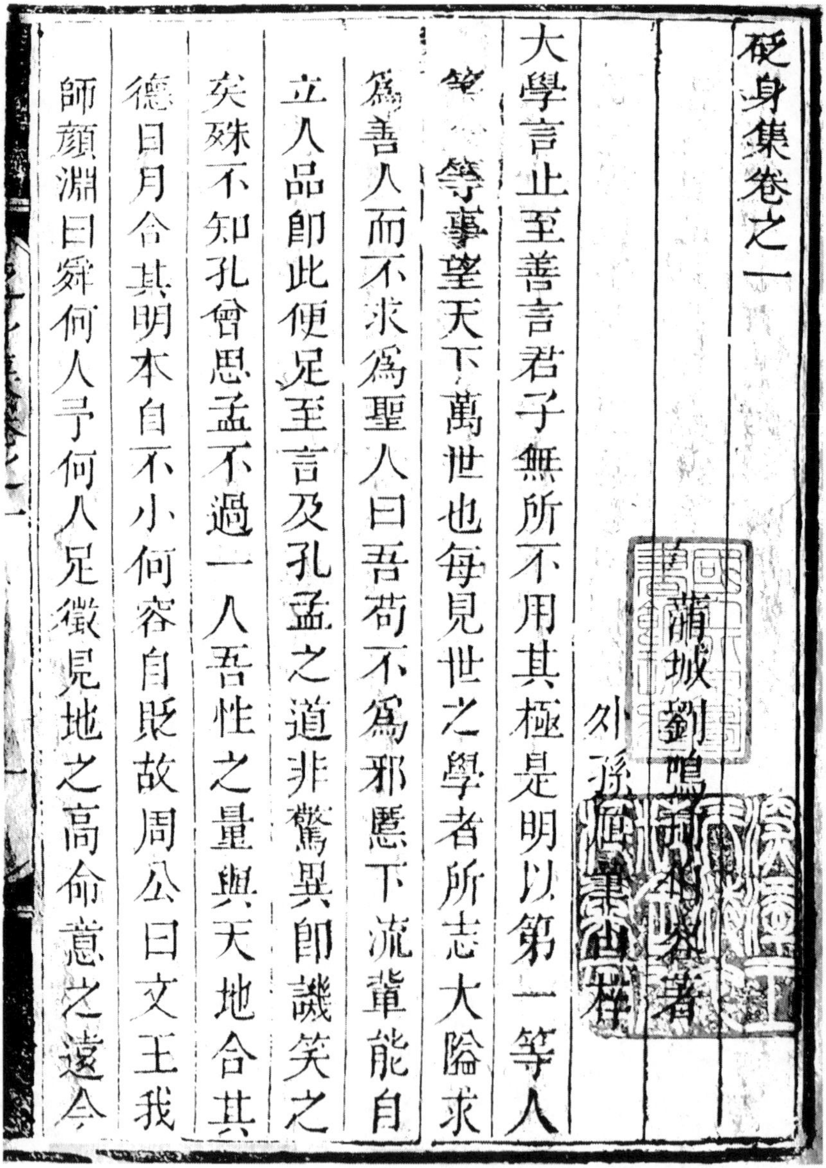

砭身集卷之一

蒲城劉鳴[illegible]著

外孫[illegible]梓

大學言止至善言君子無所不用其極是明以第一等人第一等事望天下萬世也每見世之學者所志大險求爲善人而不求爲聖人曰吾苟不爲邪慝下流輩能自立人品卽此便足至言及孔孟之道非驚異卽譏笑之矣殊不知孔曾思孟不過一人吾性之量與天地合其德日月合其明本自不小何容自貶故周公曰文王我師顏淵曰舜何人予何人足徵見地之高命意之遠今

清 乾隆十七年屈氏初刻、乾隆二十八年劉氏增修本砭身集書影

編校說明

劉鳴珂，字伯容，號誠齋，陝西蒲城人。清代前期關中著名理學家。時人譽其「庶幾可登程朱之堂」（梁善長語）、「吾鄉自朝邑王復齋先生（註一）後首推先生」（賀瑞麟語）。

以下擬就劉鳴珂家世生平、思想及著述整理作一說明。

一

史傳記載劉鳴珂的家世與生平較爲簡略。其遠祖劉德由陝西富平遷居蒲城小武村（又名溝劉），至四世祖劉釗又遷縣城慧徹坊，至其祖霽嵐先生再次遷居堯莊。劉鳴珂即出生於堯莊。霽嵐先生爲明末茂才，曾痛斥李自成起義軍禍國殃民，致使明王朝滅亡。並於三十七歲時，棄除頭巾，躬耕於田畝。劉鳴珂父爲劉克佐，世稱不群山人，有陶淵明風範。其母和太君爲當時高士和翼之（註二）女，在劉克佐去世後，艱苦撫養劉氏諸子成才。劉克佐有二子：劉鳴珂、劉玉珂。劉鳴珂生於康熙五年（一六六六，丙午）六月八日，卒於雍正五年（一七二七，丁未）八月十二日，享年六十二歲。劉鳴珂妻屈氏爲有「蘇湖模範」之譽的名儒原永貞（號炎洲）之女。劉玉珂，字仲昭，康熙五十年（一七一一，辛卯）中舉人，著有屈子集傳、璿璣圖讀法。

綜覽史傳，劉鳴珂生平事迹主要涉及以下方面：

劉鳴珂在總角時便有志於聖賢之學，認爲「聖賢可自我學」，精研古代儒家聖賢著述，手不釋卷，尤其醉心於宋代理學家張載、二程、朱熹等人的著作或思想。曾根據功過格記錄每天所做善惡之事，三十歲以後又只記過不記功，並且在三支竹簡上刻書自警，其內容分別爲：「存心不正，天厭之」、「出言不信，天厭之」、「制行不端，天厭之」。可見，劉鳴珂自少時便篤志力行，勤於自修。

劉鳴珂爲學注重隨處體認、擇交益友。他認爲「吾仁厚不及吾父，寬洪不及吾母，沉靜簡默不及吾弟，一門之內皆吾師也」，可見其深受父母的言傳身教，並能砥身體認，反求諸己。當時諸多學者，諸如，王心敬（號豐川）、景嵩（號中峰）、屈復（號悔翁）、屈琚（字佩玉）、康呂賜（號一峰）等均與劉鳴珂交游相善，而其中王心敬、康呂賜等均爲當時理學名儒。劉鳴珂在十八九歲時，曾與其弟劉玉珂、好友屈復、屈琚訪學「關中三李」（李顒、李柏、李因篤）。期間，作爲名揚海內的大儒李顒（字中孚，世稱二曲先生）十分中意劉鳴珂，欲錄其爲弟子，但是劉鳴珂心肯者卻是二曲的同鄉學者袁映斗（朱宿），故未師事「三李」。

值得注意的是，屈琚不幸早逝，其母老無所依，其弟又不知所往。劉鳴珂不僅鼎力幫助購買棺木，營葬友人，而且承擔起贍養其母、妻子及孀嫂的重任；並多方尋找其弟，勸其歸家。可見劉鳴珂珍視友情，樂於善道。

康熙三十一年（一六九二，壬申），關中饑荒，劉鳴珂謀生於延安。曾於柏林寺中，日傍古柏，勤奮讀書。是時，寺僧曾對其說：「乾坤何等時也，求生不得，讀書何爲？」在寺僧看來，當時人們求生都很困難，讀書又有何用？而劉鳴珂卻回答：「該餓死，不讀書也死。不該餓死，讀書卻不得死。」可見劉鳴珂志學益篤，不以環境艱苦而放棄爲學。又有路姓富翁打算辭退已聘請的馬姓塾師，而延請劉鳴珂教育其子。面對這一他人看來解決生存問題的重要機遇，劉鳴珂卻嚴正拒絕，並對路氏說：「延我，我生；辭馬，馬死。寧我死耳！」在劉鳴珂看來，這時如果路氏辭退馬姓塾師，馬會因貧苦而致死，既然這樣，自己寧願餓死也不會應聘。不多久，馬姓塾師病歿，路氏再次延請劉鳴珂。劉鳴珂又說：「馬，韓城人，韓亦荒。今馬死，妻子歸亦死，不歸亦死。君能養其妻子，待年豐，並其柩而歸之，我即應君，不則不也。」據此，可見劉鳴珂立身行事一本於理學家倫理大義，嚴辨義利，終其一生，操行志潔，往往於日用常行中砥身實踐。

然而，由於劉鳴珂「既志聖學，遂不復應試」、「闇然自修，不求人知」，其著作未被朝廷纂修經籍所採錄，且多散佚不存等原因，現知其生平事迹多是上述一二生活片段。今人在瞭解其人其學時不得不從其存世的著述中觀想體貼，此誠爲一憾事。

二

劉鳴珂爲清前期思辨性較強的關學學者。大致而言，其學繼承程朱，以正心誠意爲旨歸，以隨處體認爲工夫，注重辨析天人、理欲、王霸、儒釋之分乃至程朱、陸王的異同，又於陰陽、禮制、歷史典故，亦能探源發微，補前人所未發。總體而言，劉鳴珂持論較醇正，尤能躬行心得，對某些哲學範疇的闡發也頗具學術特色。以下僅擇劉鳴珂關於大學的闡發論之：

（一）釋「明德」與「心」、「性」的關係。大學中「明德」是歷代學者普遍關注的哲學範疇，而「明德」與「心」、「性」的關係則是宋明理學家闡發「明德」的重要進路，劉鳴珂亦不例外。事實上，這種思維理路較早展現在朱熹。他論「明德」往往與「心」、「性」關聯。然而，就朱熹的相關論述而言，儘管可以明確其語境中「明德」與「心」、「性」有著必然的聯繫，但這種聯繫並未得到清晰展現。這引發了後世對「明德」與「心」、「性」關係的討論：「明德」屬於「性」（陳淳）、或屬於心（王夫之），還是兼「心」、「性」而言（呂留良），莫衷一是。劉鳴珂與上述諸說均有不同。他在吸收或批評朱熹、袁映斗、呂留良等人思想的基礎上提出了「明德者，心之本體，而性具焉」（砭身集卷二）的命題，這也爲詮釋

「明德」與「心」、「性」的關係提供了新思路。

劉鳴珂對朱熹的學說有著較爲全面而立體的理解。他在解釋某些理學概念時，往往綜合朱熹各處言論以相互發明。這種方法同樣被運用到對「明德」的闡釋中。朱熹大學章句以「虛靈不昧」、「具衆理而應萬事」解釋「明德」，顯然更偏向於心上說，有忽視「性」的危險。劉鳴珂注意到了這一點，即以大學章句序中朱熹的另一說法作爲補充，他說：「大學言『明德』，朱子序中便言『仁義禮智』。」（砭身集卷二）如此，將「仁義禮智」之性與「虛靈不昧」之心融合，形成了對「明德」更全面的認識。事實上，劉鳴珂始終堅持「心性本然一體」的理念，在討論「性」時，亦會兼顧對「心」的關注。諸如，朱熹釋中庸「天命之謂性」：「人物之生，因各得其所賦之理，以爲健順五常之德，所謂性也。」（中庸章句）如此以「理」釋「性」，雖然從根源處對「性」進行了說明，但是未能涉及「心」的作用，有「說性而遺心」的危險。劉鳴珂則以朱熹中庸章句序中的「虛靈知覺」作爲補充，將「性」與「心」重新關聯。總之，上述論述都貫穿了劉鳴珂繼承和發明朱子學的重要理念：心性本然一體。

實際上，上述的說法是正確的。明德「非心非性」、「即心即性」說較契合朱熹的原意，這在朱熹的其他表述中可以得到驗證。有人問及「明德」是否即「仁義禮智」之性，朱熹明確說：「我之所得以爲性者，便是明德。」（朱子語類卷一六）可見，在朱熹的觀念中，「明德」與「性」是密切關聯的。需要注意的是，上述語境中的「性」均是專指人性而言，並非泛指萬物之性；強調的是人心之德（得），而非萬物之理。在這種語境下，仁義禮智之性即「心」之明德。可見，朱熹強調「心」、「性」不可分離。再者，朱熹被問及「明德合是心，合是性」時，他回答：「以感應虛明言之，則心之意亦多。」（朱子語類卷五）亦可見，說「性」則已是連「心」而言。朱熹又進一步指出，「舍心則無以見性，舍性又無以見心」（朱子語類卷五），這一觀點爲劉鳴珂所繼承。他說：「心與性豈是瞬息可離物事，非心則性何處承載，非性則心之生意已盡如死灰槁木，成不得心了，故心性兩者合下便是拆不開的。」（砭身集卷二）在劉鳴珂看來，心與性沒有一瞬相離，且可從兩個方面說明這種「不可離」：一方面，心是性的承載，離心則性無處附著；另一方面，性是「心之生意」的根源所在，離「性」則不再成其爲「心」。可見，劉鳴珂較爲全面而深刻地理解朱熹的「明德」概念以及「明德」與「心」、「性」的關係，尤其他以「性」作爲「心之生意」的根源，頗有洞見。

事實上，除了對朱熹思想的繼承，劉鳴珂對「心性」的理解還受到了同時代學者的啓發。據砭身集載：「庚午在盩厔，與朱宿　袁先生作別，問及心性。時方飲酒，先生舉盞答曰：『心不是盞，性不是酒。』彼時心甚疑之，自今思之，只是言心性囫圇，原是一件物。」（砭身集卷二）顯然，劉鳴珂對於「心」、「性」的理解受到了袁映斗的影響，並且經歷了前後時期的轉變。袁映斗在某種程度上否定了「心」對「性」的承載意，而認爲「心」與「性」是囫

圖一物，不能將二者割裂看待。劉鳴珂起初對這種觀點持懷疑態度，可見此前他並沒有意識到「心」與「性」的交融。隨著對袁氏觀點的逐漸認同，他一改之前的態度，以「心」「性」本然一體意代替「心」對「性」的承載意。實際上，這種理解有助於補充朱熹對於「明德」的論述。朱熹在大學章句中以「具衆理而應萬事」解釋「明德」，「具」字即是「該載」之意，便有「以心爲盞」、「以性爲酒」的嫌疑，割裂了「心」「性」之間的聯繫。劉鳴珂言「心性囫圇，原是一物」，其核心理念即是「心性本然一體」，這種理解方式有效地避免了「心」「性」二分的理論困境，消解了長久以來「明德是性還是心」這一學術問題。

如上所述，劉鳴珂從「明德」與「心」、「性」的關係來闡述「明德」：「性」是「心」之根源保證，「心」是「性」之發用流行，「明德」則是兼「心」、「性」二者而言，此即劉鳴珂理解「明德」概念時的基本立場。不過，綜觀劉鳴珂相關論述，可以發現他在談及「明德」時，其實更爲注重從「心」上闡釋，這與呂留良「明德非心」之論不同。的確，對呂留良相關論述進行分析和辯駁又是劉鳴珂闡述「明德」的一個重要進路。呂留良認爲，「明德非心，心所具者乃明德」（砭身集卷二）。這種論斷明確了「明德」不等同於「心」，更多是把「心」作爲承載「明德」的「容器」，似有將「明德」與「心」割裂的嫌疑。劉鳴珂揭示出呂留良的眞實用意，即呂氏初衷並非要把「明德」與「心」看成割裂的兩物，而是針對「後世學者奉明德爲宗旨」（砭身集卷二）的學術弊病而言。他認爲呂氏有感於後世學者專以明德爲宗旨，很有可能導致「師心自用」從而流入「二氏之學」，所以才會明言「明德非心」。可見，劉鳴珂對呂留良的觀點有著同情性的理解，即認爲呂氏之所以言辭激烈，正是因爲深刻地看到了王學末流在工夫論上的弊病，不足之處只是「意圓而語滯」，而不是義理上的缺陷。所以他說：「晚村之意，見爲陽明之學者不實去窮理克己，兀然守其昭昭靈靈之體，更不論是不是，只此體常在，便以爲至，精之則流入狂禪，粗之則爲權謀功利。」（砭身集卷二）的確如此，如將「心」與「明德」等同，而認爲本心（良知）即天理，省卻了窮理克己等爲學工夫，很難避免淪爲狂禪或功利之流。

呂留良的觀點顯然對於修正王學末流之弊具有一定作用，但有割裂「明德」與「心」的嫌疑。而劉鳴珂則引入「道心」這一概念，有效克服這一偏頗。他說：「言心便有人心道心，明德則以心之純乎道心者言，著不得一毫人欲之私，其實虛靈不昧，非心而何，乃心之本體也。」（砭身集卷二）顯然，劉鳴珂注意到「心」的複雜性。他指出，「心」具有「人心」與「道心」之別，而「明德」只以「道心」一面說：虛靈不昧的「明德」，即是「道心」。由此，「明德」即是心的本然狀態，也即其所謂「心之本體」。劉鳴珂特意點出「人心」與「道心」之別，是因爲看到了「人心惟危」，「饑食渴飲」之心一旦失去「道心」的主宰，便容易陷入危殆之中。若以「人心」論「明德」而以爲本心自足，便省卻「明明德」的工夫而容易流入狂禪。劉鳴珂以「道心」論「明德」，既兼顧了「明德」與「心」的聯繫，又避免了王學末流以明德爲心的弊端。總而言之，相較於呂留良「明德非心」之論，劉鳴珂「以道心論明德」更爲精粹，而其所謂「道心」之論，則源於其「明德者，心之本體」這一理路。他認爲，「明德」單指「心之純乎道心者」而言，而非雜言的心之全體。這一理論頗有見地，陳來亦曾就此展開過細致的論述。他雖未提及劉鳴珂，但與其觀點有諸多吻合之處。他說：「心之本體指本然之心，仍具有心的特徵與功能，如虛靈不昧，性則不具備這些特徵和功能。所以『心之本體』不等於『心之體』，後者與性等同。」（參見朱子哲學研究）陳來將「心之本體」與「心之體」嚴格區別：本體指「現象背後的本源性實質」，「心之本體」指「意識的本來狀態」、「本來面貌」、「本來特質」。「心之體」等同於性，「心之本體」則包含更廣，還具有心的知覺功能。他還明確說，「明德只能是心之本體或者是本然之性」，顯然將明德與心之本體等同。這與劉鳴珂「謂明德與性是兩物固不可，謂明德即性亦不可」（砭身集卷二）之論有著異曲同工之妙。

綜上，劉鳴珂以「道心」論「明德」，將「明德」界定爲「心之本體」。「明德」是貫通「心」與「性」兩者的實體，具有「非心非性」、「即心即性」的特徵。再者，劉鳴珂從「心性本然一體」意入手闡釋「明德」，有效避免了「心」、「性」二分的理論困境，消解了長期以來「明德是性還是心」這一學術問題，且揭示出「明德者，心之本體，而性具焉」的命題。

（二）釋「格物」。劉鳴珂辨析「明德」概念不僅是爲了正本清源、批判異說，更是強調實做「明明德」工夫的重要性。體用之上皆可著工夫，而劉鳴珂對致用處尤為重視。他認為「聖人立教，說致用處多，說本體處少」，主張「格物致知正於用處加講究，誠意正心修身正於用處加工夫」（砭身集卷一）。可見，他強調「格致誠正」工夫均是側重於「用」上說。具體展現在以下三個方面。

首先，劉鳴珂駁斥心學消解格物工夫的做法。他說：「彼意中之所謂『物』者，總是『昭昭靈靈』四字；且所謂『格』者，亦止是『體認涵養』四字耳。」（砭身集卷一）他認為，心學學者只把「物」限定在「昭昭靈靈」的心體上，而不真實地面向事物之「物」。如陽明說：「『格物』如孟子『大人格君心』之『格』，是去其心之不正，以全其本體之正。」（傳習錄上）由此，格物就變成了「格心」，不再是「即物窮理」之意，更不是「擴充知識」之謂，而是「袪除物欲、為善去惡的道德實踐」（吳震王心齋「淮南格物」說新探），其後果就是格物工夫可能被消解。劉鳴珂看到了這種傾向並且強烈斥責：「近來異端之學謂『格物』即是『誠意』，『誠意』即是『正心』，甚屬穿鑿。」（砭身集卷一）顯然，他認為三種工夫各有次第，不可混為一談。如果不經由「格物」，便不能分辨念頭的正邪，私意仍在胸中盤桓。在這種情況下，所思所想未有天理作為根源性的保證，容易陷入自欺的境地。如此，則物未格、知未致、意未誠，正心工夫亦無處著手。因此，劉鳴珂認為陸王之學「滅卻格物一義，流入本心之學」（砭身集卷二）。質言之，陸王之學消解了格物工夫，以「吾心之理」代替天理，極有可能流入狂禪。正是在上述對心學流弊的批判中，「格物」工夫的必要性方得以彰顯。

事實上，劉鳴珂對朱熹格物論的繼承不僅體現在對格物工夫必要性的肯認上，更體現在對分殊之理的格外重視。劉鳴珂論及格物時如何處理一理與分殊之理的關係，他說：「源頭只是一個，用處千頭萬緒。思不出位，正爲於分殊處討個至善也。」（砭身集卷一）「源頭只是一個」即朱熹「只是一理」，「用處千頭萬緒」即朱熹「萬理中千頭萬緒」，「於分殊處討個至善」則是對「理會那萬理」的凝練表達。可見，劉鳴珂熟稔朱熹格物論，對其「理一分殊」有著融會貫通的理解，且精準地識別出分殊之理在朱熹格物論中的特殊地位。尤需注意的是，劉鳴珂將「思不出位」作爲「於分殊處討個至善」的補充，進而以此闡釋「格物」，極有意義。葉秀山在解釋大學「止」字時就將其與「位」聯繫起來，進而詮釋格物。他說：「『心』和『物』都要保持住『自己』，所以，不僅『物』要放在適當的位置，『心』也要放在適當的位置，都不能『越』各自的『位』。」（葉秀山試讀大學）作爲格物的主體，應「止」於（立定）自己當下所處之「位」，眞實地面向眼前所接之物而「思」之，獲知分殊之物的至善所在，並「止於至善之地而不遷」（大學章句）。如此，則「物」、「我」與「主」、「客」都獲得最恰當的處置。總之，劉鳴珂論「思不出其位」與「於分殊之處討個至善」的聯繫包括兩個方面：首先，格物的主體是「分殊」的，需要就當下所處的具體的「位」以「思」之，不可越過「我」之「位」；再者，格物的客體是「分殊的」，主體需要眞實地面對眼前的分殊之物，不可越過「物」之「位」。如此，則從始及終都踐行了「於分殊之處討個至善」的格物原則，於「用處千頭萬緒」中一物一物格去，即是「源頭」在具體之物上眞實、圓滿地實現，而最終由「萬理」匯歸「一理」。實際上，這也類似牟宗三所說的「具體的眞理」，亦是程朱理一分殊原理在工夫論上的落實。總之，劉鳴珂格物論以窮究「分殊之理」爲先，以探求「至善之理」爲要。通過格物致知求得「至善之理」，此即在「知」上做「明明德」的工夫。

關於格物的具體實踐，劉鳴珂有三個方面的提醒，涉及格物的範圍、格物的態度、格物的本末輕重。其一，格物的範圍：無物不格。他說：「儒者讀書窮理，固是無事不考核、無理不剖晰。」（砭身集卷一）無物不格的哲學理論基礎實際上亦是「理一分殊」，一事一物莫不有理，莫不當格。這已是程朱一派學者的共識，無需贅言。需要注意的是，「無事不考核」、「無理不剖晰」並不是兩件工夫，而是同一工夫的兩種描述，可見理事本是一體，格物即是窮格事中之理。其二，格物的態度：格物須寬，不可欲速。劉鳴珂在與他人討論「進學致知」與「操存涵養」工夫時，說：「『操存涵養』，不可一刻放過，故曰『緊』。至於『進學致知』，道理無窮，不可欲速助長，須是漸漸講求，漸漸思索，日異而月不同，故曰『寬』。」（砭身集卷四）並援引張載「寬快公平以求之」爲佐證，認爲「『寬快』則無欲速助長之病，『公平』則無自作主張、不能虛心觀理之失」（砭身集卷三）。可見，劉鳴珂強調學不躐等，不能「欲速助長」，而要如朱熹般「嚴立功程，寬著意思，久之自當有味，不可求欲速之功」

（朱子語類卷八）。其三，格物的本末輕重：格物須切己。劉鳴珂格物論的獨特性即主要體現在這一方面。劉鳴珂批評俗儒專以讀書爲「格物」之弊。他說：「上古書冊未廣，聖人格物之學實從天地萬物、身心日用上辨別，故事事做得實。今人只向故紙堆中用工夫，卻不知向自己身心上討取，所以都不如古。」（砭身集卷一）在劉鳴珂看來，讀書窮理雖然是格物的重要途徑，但是如果僅限於此，而忽略從天地萬物、身心日用上反求諸己，就會導致捨本逐末、輕重顛倒。同時期略早的顏元也曾指出：「千餘年來率天下入故紙堆中，耗盡身心氣力，做弱人、病人、無用人者，皆晦庵爲之也。」（朱子語類評）事實上，對於當時學者偏重讀書窮理的爲學方式，劉鳴珂雖未如顏元般將此歸過於朱熹，但也較爲委婉地指出了朱熹格物說過於重視讀書窮理可能帶來的弊端。亦可見，劉鳴珂雖學承程朱，但也並非盲從或全盤接受，而是以一種寬和的方式對朱學有所修正。且其上述言論頗有象山「堯舜之前何書可讀」的意味，亦見其對心上「實得」的重視。據此，賀瑞麟題砭身集寫本認爲其「恪守程朱」，或許尚有商量的餘地。

綜上，劉鳴珂通過批評心學對格物工夫的消解，重新確立起格物在明明德工夫中的必要性。又以「思不出位」落實「於分殊處討個至善之理」的格物原則，並從格物的範圍、態度、本末輕重三個方面強調了格物的具體實踐。然而，「明明德」的工夫有「知」、「行」兩端，格物窮理只做得「知」的工夫，「行」的一面則須在「誠意」、「正心」中進一步展開。

（三）釋「誠意」、「正心」。劉鳴珂對「誠意」工夫的論述則以批駁呂留良「意發必當」論爲切入點。呂留良說：「欲誠意，必先致知，謂平素於道理講究得明白，則意發必當，乃可得而誠耳。」（四書講義卷一）「誠意」已是「行之始」，此無需再言。如其所說，知至便能意誠，則「知」與「行」之間全然沒有間隔，知得必定行得。這顯然忽略了「行」的艱難。實際上，早在尚書說命就已有「非知之艱，行之惟艱」的言論，說明踐行的艱難。劉鳴珂顯然深刻地認識到這一問題，故而批判呂留良「意發必當」之論。呂留良所謂「於道理講得明白」，更多是對於「道德知識」「形式」上而非「內容」上的理解，尚且缺乏對於道德知識眞實而具體的認識。且意念的發動並不只是出於「知識」，實際上，氣稟、閱歷、見識等諸多因素都會對其造成影響。需要注意的是，格物致知是一個不斷精進的過程，「知」本身即存在深淺程度的差異。程頤和朱熹都對「知」持有「眞知」與否的分別，從究竟的意義上說，「眞知」的確導向「實行」，「知得」必然「行得」，而「淺知」則未必能確然落實於「行」上。呂留良之論，「格物」的分量過重，甚至侵佔了「誠意」，使得「誠意」工夫落空。如果不考慮其他因素的影響，則物格、知至、意誠、心正、身修、家齊、國治、天下平一路順去，也即「物格知至而天下平」。但這始終是在「極致的」、「理想的」意義上來說，以此作爲具體實踐的指導必然缺乏眞實性和可操作性。要之，物格知至爲意誠的必要條件，而非充分條件。

劉鳴珂又從反面對誠意工夫的必要性進行論證，他說：「然或已知而不誠其意，則雖明知其爲義，而奪於外誘之私，而不能守其天理之正，亦將徙知而已。」（砭身集卷二）劉鳴珂在此指出了誠意工夫的必要性。如朱熹說：「然或已明而不謹乎此，則其所明又非己有，而無以爲進德之基。」（大學章句）如果缺失誠意工夫，則會出現以下問題：一方面，從「知」上看，無法鞏固格物致知獲得的「已明之理」；另一方面，從「行」上看，亦不能將所知付諸實踐。再者，由於人有氣稟之偏，難免不受人欲之蔽，如不能誠意則「義理不明」。劉鳴珂又說：「致知格物後果能必惡念之不生乎？如不復生，則私欲已斬斷根苗了，更用甚慎獨工夫？晚村硬主張從皆善無惡講，卻是所以然處說得不確實。」（砭身集卷二）首先，劉鳴珂進行反向論證：如若物格知至後私欲不復生起，也就不再需要慎獨的誠意工夫；而慎獨的誠意工夫被大學列入其中，可見誠意工夫不可消解。事實上，我們可以進一步探究劉鳴珂此論背後的深意。的確，物格知至後，學者可於已發之後分辨念頭之正邪、判斷至善之所在，但物格知至並不能對「未發」一段作出保障。因此，「皆善無惡」只能從根本處說，而不能從念頭處說。究其原因，性經由心而發爲情，在這個過程中，必然受到「心」的實際狀態的限制，而呈現爲「理弱氣強」、「安排不得」。如若此心之明德未明，則私欲未能除盡，心知並非純然天理。此時實然的未發之心無法確保已發之情皆善無惡。質言之，體用一源，未發既不得「中」，已發如何皆能得「和」？劉鳴珂批評呂留良「所以然處說得不確實」，正是因爲其洞察了呂留良沒有看到「情」、「意」的根源乃是未發之「心」。需要注意的是，這裏的「所以然」只是對

「原因」的說明，非是程朱慣用的以「所以然」代指「本體」、「天理」的用法，兩者不可混爲一談。

值得注意的是，劉鳴珂又進一步論述了誠意與正心的關係：「『心廣』易，『心正』難。廣從『誠意』得來，如惡惡臭，如好好色，則此心無愧無怍，不覺廣大寬平，體常舒泰。」（砭身集卷一）所謂「心廣」，即大學誠意章「心廣體胖」之意，朱熹將其釋爲「心無愧怍，則廣大寬平，而體常舒泰」（大學章句）。意誠則無私欲之生，無二三之意，此心正大公平、虛明洞徹，所以劉鳴珂說「『廣』從『誠意』來」。而其所說的「心廣易」，實際上就是「誠意」易。相對來說，好善惡惡不自欺工夫較粗，尚且容易實現，然「心正」工夫則涉及心之體無不正，心之用無不和，這就要求學者的工夫極爲細密，所以劉氏說「心正難」。進而他又說：「世有『心廣』而不正者，未有『心正』而不廣者，更未有心未廣而遽能心正者也。」（砭身集卷一）如其所說，「心廣」不一定「心正」，而「心正」必定「心廣」。質言之，學者須先達到「心廣」，才有實現「心正」的可能。也即誠意是正心的必要前提，但「心正」不是「誠意」的必然結果。可見，意誠與心正之間是有距離的，「正心」工夫也確實有其必要性。劉鳴珂進一步指出，正心工夫「有一毫將迎便非正，有一毫走作便非正，有一毫沾滯便非正。用力極輕，工夫卻極難，鐘聲未了，此心已三走作矣」（砭身集卷一）。此言正心工夫極細密，最爲難做。未發之前如若用力過多，則是事先存了「欲其正」的念頭，便是「欲速欲助長」、便是「走作」、便非「心正」。已發之後，思慮已形，此時再施以反省，亦於事無補。所以劉鳴珂說「用力極輕」而「工夫極難」。筆者以爲，唯有在「動之幾」上稍加著力，於將形而未形之時加以省察，使其合於天理者則形之，不合於天理者則及時遏制，不使其發爲行事，如此方能做好「正心」工夫。劉鳴珂又以顏回爲例再次強調了誠意正心工夫的不可消解性以及告誡學者不可躐等。他說：「非顏子以上，不敢言此地位也。今之學者，未能格物窮理、克己力行，而遽欲到此等境界，非流入空寂，則見其倡狂恣肆已爾。」（砭身集卷一）可見，他認爲唯有顏回以上，才算是達到了「心正」的地位。論語 顏淵載「三月不違仁」。顏回之心無纖毫私欲，仁意流行生生，所以能不違於仁「三月」之久。顏回能到此地位，亦是從「克己復禮」做來，亦經歷了「勉勉」而至於「循循」。資質不如顏回的一般學者，如果不能先實行「格物窮理」、「克己力行」的工夫，便妄想達到「心正」的境界，極有可能流入空寂或陷入狂肆，此即劉鳴珂極力強調「誠」、「正」工夫之深意所在。

事實上，劉鳴珂對「明德」與「格致誠正」工夫的關係亦有見地。他說：「大學格致誠正，皆所以明德也。朱熹云：『下文許多節目，皆是靠明德做去。』道理看得洞徹，橫說豎說，倒說正說，無所不可。」（砭身集卷三）劉鳴珂明確指出，大學「格」、「致」、「誠」、「正」均是明明德的工夫，這是說明「明德」是格致誠正工夫的效驗；而朱熹「下文許多節目，皆是靠明德做去」則是言「明德」是做格致誠正工夫的「把柄」。前者是正說，後者是倒說，顯然劉鳴珂認同朱熹之義，認爲「正說」、「倒說」都無妨。劉氏此論意蘊頗深，實際上闡明了「明德」、「明明德」、「格致誠正」三者的關係。正是因爲人人皆具明德且明德本明，所以人人皆能有「自明其明德」（砭身集卷一）的可能性；又正是因爲人皆能做格致誠正的工夫，所以人人皆有全然恢復明德之明的可能性。需要注意的是，其中還蘊含更深層次的儒學義理：明德自明，一切工夫都只是祛除遮蔽，恢復其本來之光明，未曾增加任何新內容。從始至終，都是自明性本身的自我彰顯，而一切工夫皆依靠「心」的主體地位得以成立。

綜上，劉鳴珂上述關於「明德」、「格物」、「誠意」、「正心」等哲學範疇的詮釋，雖然不是對大學的系統解讀；但是，他以「心性本然一體」意闡釋明德與心性的關係，又以「道心」論明德，解決了宋明理學長久以來「心」、「性」二分的理論困境，且修正了王學末流專以明德爲心的弊端。在此基礎上，他強調明明德的重要性，並以格致誠正爲不可或缺的工夫。知至之後仍須誠意，意誠之後還須正心，格致誠正次第分明、不可躐等。且指出明德爲格致誠正工夫的先在前提、明明德爲其終極效驗，頗具理論特色。要之，他以「明德」爲主線貫穿格致誠正工夫的終始，不僅展現大學詮釋的重要面向，也展現了清代關學對朱子學的繼承與發明。

除上述之外，在劉鳴珂著作中也存在諸多論述「仁」、「義」、「鬼神」、「動靜」、「敬」、「禮樂」等方面的言論，尚需另作一文深入探討。尤其值得注意的是，在論述中，劉鳴珂不僅能概括發明程朱一脈思想，諸如說「蓋仁是此性中生理，義也是這段生理，禮也是這段生理，智也是這段生理」（砭身集卷一）、「動靜皆天地之心，天人一也」（砭身集卷三）等；而且對義理的闡發盡可能地與時偕行，砭身自治，諸如其論「學人讀書窮理，固要講究得深細，然須於淺顯處立定腳根」（砭身集卷一）、「古今異宜，簡帙亦不無舛誤，不可盡泥也」（砭身集卷四）等。

三

據史傳記載，劉鳴珂著述較多，有砭身集、大中疏義、易圖疏義、古文疏義、唐詩疏義等，然多未刊行，「惟砭身集行世」（賀瑞麟語）。砭身集始撰於康熙二十九年（一六九〇，庚午）劉鳴珂二十五歲時，至雍正五年（一七二七，丁未）劉鳴珂去世之年方絕筆，歷經三十七年，集中反映了劉鳴珂大半生的爲學致思歷程。

劉鳴珂去世後二十五年，至乾隆十七年（一七五二，壬申），砭身集方由其外甥屈筆山初次刊刻。此後，該書多爲士林所關注。雍正陝西通志、光緒蒲城縣志、民國蒲城縣志稿等著錄爲五卷；四庫全書總目於儒家類存目中錄爲六卷，並註明由江蘇巡撫呈送；清朝文獻通考、皇朝通志、江蘇采輯遺書書目、陝西呈送書目等亦記爲六卷；李元春關學續編云其爲二卷。

可見，該書在梓行後出現卷數不一的情況。今整理者所見該書的刊刻本或爲六卷本，或爲六卷本增補本。

事實上，屈氏刻本在流傳過程中不斷得到增補或校刊重刻。具體而言，主要有兩種：其一，清乾隆十七年（一七五二，壬申）屈氏初刻、乾隆二十八年（一七六三，癸未）劉氏增修本。乾隆六年（一七四一，辛酉）劉鳴珂後裔及其外甥屈筆山即有刊刻劉鳴珂著述的打算，但因屈筆山官職遷徙、俸祿不濟等原因，直至乾隆十七年僅刊刻砭身集一書。其後，劉鳴珂後裔加以部分增修該書。今國家圖書館館藏砭身集的目錄中標註「乾隆癸未冬至吉旦，一德刊識」。乾隆癸未爲乾隆二十八年（一七六三，癸未），「一德」爲劉鳴珂三子，後過繼於其弟劉玉珂。且據集中多處刊識也表明，該書爲劉鳴珂後裔劉泰、劉一德、劉星軫及外孫雷國楫等於乾隆二十八年刊行。據此，該書當爲乾隆十七年屈氏初刻、乾隆二十八年劉氏增修而成，整理時簡稱「屈氏刻後增修本」。該書內容除了註明劉鳴珂著、屈筆山梓的正文外，還包括弁言、景嵩撰於雍正十年（一七三二，壬子）的來風亭砭身集序、屈筆山 梓砭身集說、王修 大茂才理學名儒伯容劉公傳（據內容知該傳撰於景 序之後）、梁善長撰於乾隆二十六年（一七六一，辛巳）的伯容劉先生墓表；並後附劉鳴珂所撰隨處體認天理解、劉一德所撰伯母原孺人墓誌銘、三奇紀。又據劉一德刊識知，現存國家圖書館館藏的屈氏初刻、劉氏增修本闕遺了原後附的昆伯傳、仲兄傳二文。其內容不過於屈氏初刻本的正文前增補了梁善長 伯容劉先生墓表、王修 大茂才理學名儒伯容劉公傳，並後附了隨處體認天理解、伯母原孺人墓誌銘、三奇紀、昆伯傳、仲兄傳等內容。其二，柏經正堂刻本。清 光緒二十八年（一九〇二，壬寅）柏森校刊重梓了砭身集，是爲柏經正堂刻本。該刻本祖本仍爲屈氏刻本，其內容依次爲景嵩砭身集序、梁善長 伯容劉先生墓表、王修 理學名儒伯容劉公傳及正文六卷。相較而言，柏經正堂本雖然缺少了屈氏刻後增修本中弁言、屈筆山 梓砭身集説及後附的隨處體認天理解、伯母原孺人墓誌銘、三奇紀、昆伯傳、仲兄傳等內容；但是，保留了不見於屈氏刻後增修本中的劉鳴珂援引的呂留良言論；而且該刻本經過柏氏精校，文字訛誤相對較少。據此，本次整理時，砭身集即以柏經正堂本爲底本，以屈氏刻後增修本爲校本；並且將校本中不見於底本的內容以遺文或附錄形式呈現。整理本內容除砭身集正文外，增加遺文補編，其中包括屈氏刻後增修本中的隨處體認天理解、伯母原孺人墓誌銘、三奇紀，以及本次新輯炎洲原先生傳、秦翼明先生傳、申月山先生傳、屈祥門先生墓誌、義狗傳諸篇。並將屈氏刻後增修本、柏經正堂本中景嵩砭身集序、弁言、屈筆山 梓砭身集説及新輯賀瑞麟 題砭身集寫本置爲附錄一，四庫全書總目 砭身集提要、四庫全書總目 易圖疏義提要置爲附錄二，梁善長 伯容劉先生墓表、王修 理學名儒伯容劉公傳、李元春 關學續編 伯容劉先生、賀瑞麟 關學續編 伯容劉先生、張驥 關學宗傳 劉伯容先生及雍正 陝西通志中的劉鳴珂傳記置爲附錄三。期以形成體例較爲合理、內容較爲全面的劉鳴珂集整理本。在整理過程中，凡是底本刊誤、校本正確，依校本改正並出校；校本爲誤的，一般不出校，僅於文義皆通處出校。凡明顯俗字、古體字、後世避諱字等，均逕行改正。

本書前期文字録入由張丹、時佳欣幫助完成，張波進行初步點校整理；後期由張波、胡蓮、平静逐字覆校，特此説明，以誌學誼。詹海雲先生在本書整理出版過程中幫助校讀書稿，提出了許多寶貴的修改建議，並協助辦理出版事宜，謹志我們衷心的謝忱和敬意。張晏瑞總編輯熱心扶植出版，林以邠小姐細心佐理編校，並此致謝。

張波、平静謹識

二〇二二年七月二十八日

校記

一　王復齋先生，初名建侯，後改名建常，字仲復，號復齋，陝西朝邑（今陝西大荔縣）人。生於明萬曆四十二年（一六一四，甲寅），卒於清康熙四十年（一七〇一，辛巳）。爲明清之際關中著名學者，與馮從吾、李二曲並稱爲「關中三先生」，時人譽爲「宋以後關中第一大儒」（李元春關學續編復齋王先生）。

二　翼之，劉一德三奇紀作「翼之」，王修理學名儒伯容劉公傳作「儀之」。

目次

編校說明……一

砭身集

卷一……一
卷二……二一
卷三……四三
卷四……六三
卷五……八四
卷六……一〇五

遺文補編

隨處體認天理解……劉鳴珂　一二七

炎洲原先生傳……劉鳴珂　一二九
秦翼明先生傳……劉鳴珂　一二九
申月山先生傳……劉鳴珂　一三〇
屈祥門先生墓誌……劉鳴珂　一三〇
伯母原孺人墓誌……劉一德　一三一
三奇紀……劉一德　一三二
義狗傳……張洪勳　一三四

附錄

一　序、弁言、說、題

一　序、弁言、說、題……一三七
砭身集序……景　嵩　一三七
弁言……劉　泰　一三九
梓砭身集說……屈筆山　一四〇
題砭身集寫本……賀瑞麟　一四〇

二　著述提要……一四二
四庫全書總目砭身集提要……一四二
四庫全書總目易圖疏義提要……一四三
三　墓表、傳記……一四四
伯容劉先生墓表……梁善長……一四四
理學名儒伯容劉公傳……王　修……一四七
關學續編伯容劉先生……李元春……一五三
關學續編伯容劉先生……賀瑞麟……一五四
關學宗傳劉伯容先生……張　驥……一五六
雍正陝西通志人物志劉鳴珂……一五七

砭身集

卷一

大學言「止至善」，言「君子無所不用其極」，是明以第一等人第一等事望天下萬世也。每見世之學者所志太隘，求爲善人而不求爲聖人，曰「吾苟不爲邪慝下流輩，能自立人品，即此便足」。至言及孔孟之道，非驚異即譏笑之矣，殊不知孔、曾、思、孟不過一人。吾性之量與天地合其德，日月合其明，本自不小，何容自貶。故周公曰「文王我師」，顏淵曰「舜何人，予何人」，足徵見地之高、命意之遠。今（註一）人率不立志，即此不敢爲聖人，一念便是自棄，又安望其有眞學術、眞事功乎？

大學「至善」二字，朱子以「事理當然之極」解之。近日名士有謂：善即明德之體。烱烱不昧處便是「至善」，便是「止」，便是「有定」，便是「獨」，便是「心」、「意」、

「知」，便是「本來之物」，便是君子所用之「極」，便是「誠」，便是「矩」。似乎一以貫之，包羅可喜。不知大學所謂「至善」即中庸之所謂「中」也，本就「不大過」、「不不及」處說。程子所謂「以其義理精微之極，故以至善名之」。蓋無私心易，當理難。渾言「明德」雖若無所不貫，然使其行事之間少有差錯，動容周旋少有不中禮處，其所謂明者果安在也？故必其見於行事者無一毫之差謬，無纖悉之不到，則其昭明洞徹之體不待言而可知矣。故聖人立教，說致用處多，說本體處少。「格物」、「致知」正於用處加講究，「誠意」、「正心」、「修身」正於用處加工夫，未聞有冥守一心而便謂之「至善」，便謂之「中」者也。

或謂：如子言，則遺體而言用，恐於義不安。余曰：不然也。體用一源，顯微無間。體是誰之體？用是誰之用？用之至當處，便是體之至明處。故吾儒看外面事無非裏面事，三千三百必不敢有一毫差謬，而後謂之能全本體也。若釋氏，雖謂佛氏門中不遺一法，而於五倫之大已擯棄之矣，況其余乎。爲程朱之學者，必求無一毫差處；爲姚江之學者，曰：不論差不差，只問此物尚在否。即此可以辨學術之眞僞矣。

或曰：用自體出，專守本體，乃爭上流一著也，子何易視之耶？曰：朱子謂大學「敬」之一字可以補小學之闕。曰：「敬」者一身之主宰，而萬事之根本也。或問格物章引程子之說，後五條皆言涵養本源之功，是亦何嘗不守本體來？但氣質昏蔽處，非格物窮理不能使之明；私欲污壞處，非決去必得不能使之去。故不得專靠靜養一著也。至大學之「善」、中庸之

「中」，必宜就發用上說，若彼者固必不敢從耳。

有謂：「止」取凝然不動之意，「知」即知此「定」、「靜」、「安」、「慮」必由此而「得」，殆非也。「知止」一義，乃聖門最緊要工夫。苟非知之至，如何行之盡？開發聰明盡在乎此，乃欲爲說以易之，是欲聾瞽天下後世之耳目也，其得罪聖門也殊甚。

孟子言「不動心」，首曰「知言」；大學言「定」、「靜」、「安」、「慮」，曰「知止」。蓋黑底清淨與白底清淨，自是毫釐千里之辨。平居無學問思辨之功，縱如何靜養，事到面前，義利不明可否未分，斷無凝然不動之理。若謂不論是不是，勉強把持，動亦定，靜亦定，是眞冥然悍然一告子也。烏足言哉！

夫婦一倫，天理之極、人欲之藪，因此而入於禽獸者不知多少。朱子云：「情意密而易於陷溺，不於此致謹，則私欲行於玩狎之地，自欺於人所不見之境。人倫大法，雖講究於師友之前，亦不能不壞於幽隱之地。」晚村先生云：「古人戒謹恐懼，正於此下手。」眞萬古之篤論！學者千萬遍誦之，服膺弗失，庶不至流入禽獸一流也。

友人問「心廣」與「心正」之別。余應之曰：「心廣」易，「心正」難。廣從「誠意」得來，如惡惡臭，如好好色，則此心無愧無怍，不覺廣大寬平，體常舒泰。至於「心正」，有一毫將迎便非正，有一毫走作便非正，有一毫沾滯便非正，用力極輕工夫卻極難，鐘聲未了此心已三走作矣。非顏子以上，不敢言此地位也。今之學者未能格物窮理、克己力行，而遽欲到此等境界，非流入空寂，則見其猖狂恣肆已爾。

世有「心廣」而不正者，未有「心正」而不廣者，更未有心未廣而遽能心正者也，故誠意章說出「心廣」二字，可見「誠意」是「正心」最緊要工夫。果能「誠意」，則「正心」之事已十之八九矣，惟從容以涵養之而已。顏子所謂「既竭吾才，雖欲從之，末由也已」，其在斯乎！其在斯乎！

近來異端之學謂「格物」即是「誠意」，「誠意」即是「正心」，甚屬穿鑿。彼意中之所謂「物」者，總是「昭昭靈靈」四字；且所謂「格」者，亦止是「體認涵養」四字耳。殊不知不去格事物之「物」，則天理人欲未分明，如何言「誠意」？不求決去必得則滿腔是私意，禽獸之根尚未斬斷，如何言「正心」？若謂「心」、「意」、「知」總是一物，「格」、「正」、「誠」總是一工夫，利根之人自能見得。嗚呼！顏子尚言「博文」，尚言「克己」，而今之爲異端之說者，豈皆愈於顏子者乎？不能過於顏子而務爲異說以愚天下，亦見其惑也已。

晚村先生謂：「貪嗜繫戀之私，皆仁之過。惡也須是有義，方可以制之。」此論發前賢所未發，當與孟子「性善」、「養氣」之說同功。

孔子言仁，孟子兼說仁義。仁原離義不得，徒知講仁字而無義以濟之，非失之迂腐，則必有軟媚優柔、徇人情投時好之病，究竟與聖人所言之仁不啻秦、越矣。故有萬物一體之意者，必須有壁立千仞之節，方做得滴水不露耳。

從來帝臣王佐在草野間，想來與隴上耕夫亦無甚異。雖堯舜君民「己溺」、「己飢」之意，固不能一日而忘；然其氣象之間，必淡漠寧靜、坦然自得，必不至如韓淮陰、李衛公輩作英雄不遇態，激昂草澤中也。觀莘野、渭濱二老可見。

三代以後，名臣惟有宋程、朱數人，惜未能大行其道。吾儒眞本領未獲見於天下，世反視聖賢之學爲迂闊無用，豈知有程朱之道德，未有不能做伊呂之事業者。

從來中途喪節、改行易轍，只是「怕餓死」三字，弄成百般醜態，殊不知自古無百年不死之人，止是爭先後耳。苟得正而斃，雖死猶生，浩然坦蕩，何快如之。不則徼幸偷生，苟免目前，究之仰愧天俯怍人、晝愧影夜愧衾，靦然禽面，兀然死形。嗚呼！亦深足哀也已。

夫子曰：「吾未見剛者。」「剛」之一字，乃天德也。須是知以別之，仁以居之，勇以體之，見得明守得定，方始壁立千仞，毫不動移。堯舜之揖讓、湯武之放伐、周公之流言、孔子之陳蔡，任其所遇，毫無加損，此之謂「剛」，此之謂堅強不屈。不則勉強把持，縱如何矜才情逞意氣，究之源頭未正，未有不受制於物者。沉潛高明，舉不能出其範圍矣。

「謹言」一事最切於學者。於此處不鞭辟著力，則終無入道之理。

聖人所尤愼者，「疾」其一端。固以生死所關，不可不盡保身之道。然氣者所以載道也，吾人讀書窮理，應事接物，非神氣充足亦不得力。欲速助長，日消月喪，萬一國家大事猝然臨之，如何做得？須直養無害可也。

孔子曰：「愼而無禮則葸。」「葸」字亦是儒者大病，宇內事亦須放膽爲之。儒者不做誰人做得？退遜太過，不敢出一言，不敢任一事。當國家大事必至瞻前顧後，腳忙手亂，難免覆餗之虞矣。故知心固不可不小，膽亦不可不大也。

遇不可與言之人，終不能決意嚴絕者，只是怕彼議論，爲名字做曲折耳。試思與此輩人作歡笑，作軟面皮，是我已不堪言矣，名於何存？戒之，戒之！

聖人所爲皆是分內。縱治功如唐、虞、三代，學業如孔、孟、程、朱，亦不過踐形復性，了自家該做事，何嘗於天命之性增得毫末。故曰「肖子」，曰「完人」，無甚異人處，亦無甚過人處。看到此處，驕矜之氣更從何處生來？

孟子合下便願學孔子，是何等志氣來！今有人願學孔子者，必目之爲怪物。然眞正孟子，定然不怕。

凡大臣事君者，須自己先從「誠意」、「正心」中做工夫，乃能格君心之非，而建功立業，致主於唐、虞、三代之盛也。

子思子云：「其默足以容。」「默」之一字煞非易事，有一部中庸本領，方會享此中受用。已巳在盩厔，朱宿袁先生持「其默足以容」句見教，歸家常佩其言，偶書此以誌不忘云。

聖人「無意」、「無必」、「無固」、「無我」，胸懷灑落，何等自在。今一不甚緊要事，便爾盤固胸中擺脫不下，是自入愁苦一路耳。

聖人惟不有一物故不遺一物，洗得淨亦受得實。今惟不能淨，故亦不能受也。

辛未六月朔，自延安歸家省親。母戒之曰：「多言多凶，少言少咎，談鋒中人甚於斧刀。汝常在外，恐以議論人短長致有禍敗，吾所大恐也。」鳴聞其言，不覺汗流浹背，有不能爲心之甚者。思人以德養，我以不肖養。平日明於責人，暗於責己，以此招謗取尤者甚多。母言及此，眞見之明、慮之深、防之切也。倘復仍前所爲，不復自悛，眞不孝之尤、刑戮之民也，罪孰大焉。

克己之功，到處皆宜著力。初學入手，先宜在淺顯處把得定。今人於耳目口鼻之屬肆情縱欲，人己利害之見盤固胸中，雖日講究得至精至妙，究竟與己有何干涉。

天地人物本是一個物事，只是多一殼子耳。壬申，避荒至洛邑，臥於大樗之下，鵲噪不止，仰觀天，俯察地，悠然有會，遂援筆書此。

顏子得「非禮勿視」四句，做來做去便做到聖人處。今人閱遍萬卷，究竟只是俗人，可見讀書原不在多也。

明道先生受學茂叔，三月而歸，便有吟風弄月之趣，可見道理眼前皆是。苟隨時識取得，則處處皆學，處處皆樂矣。正不必博盡天下之書，歷盡天下之事也。

顏子問仁，子曰：「克己復禮爲仁。」仁是渾淪物事，禮是分派條理處。到得己克禮復時，日用之間莫非天則，動容周旋盡是妙道。精義之發，則此中虛靈洞達，渾然天理之實不待言而可知。故但言「克己復禮」，而不言仁是何物、到仁者地位是如何景象，所謂「問長安但令向西去」也。

易曰：「龍蛇之蟄，以存身也。」善哉！「蟄」之一字乎。有春夏必有秋冬，有盈必有消，有晝必有夜，有治必有亂，有見必有隱。處可以靜藏之時，正無庸高談闊論詡詡焉，自見其所長也。

讀書窮理、克己勵行，原爲自己分內事，與別人本不相干。有一二分長處必欲向人前說，有不知我者必欲使之知，即此便是爲人之心、私利之極者也，其學其行豈非假事乎？可愧，可愧。

孔子曰「立身行道，揚名於後世」，孟子曰「爲法於天下，可傳於後世」，原爲無善可知而言耳。若果如舜如孔如曾如孟，縱舉世無一知者，問之此心毫無愧怍，泰然坦蕩於天地之內，豈非至樂事！何必營營苟苟，枉用心於無用之地乎？

上帝決是有知。人與物稍得天地之氣，尚爾靈空敏妙、莫可端倪，況以一元之氣流行變動。無一處非天，便無一處非知。作善降之祥，作不善降之殃，原是實理。今日果能爲乾坤肖子、宇內完人，上帝豈肯使與草木同腐朽乎？試看顏曾思孟、周程張朱，何曾孤負一人來。

人云「三代以下惟恐不好名」，此大謬也。「名」之一字，不知壞了多少豪傑，減了多少聖賢。蓋少有名心便有許多彌縫，許多做作、機變之巧，弊病百出，費盡一世苦心，只得「不誠無物」一句，可嘆，可傷！

問程子「與道爲體」四字。曰：此「體」字說得粗，猶曰「形質」也，與「道體」「體」字不同。道爲天地萬物之體，猶太極爲二五之體。然卻是無體之體，無聲無臭，無形影可捉摸。有天地萬物四時日月，然後道有可見，是四者與道爲體，爲道之形質也。若非道，何緣有天地萬物四時日月？若非天地萬物四時日月，何緣見道？故朱子於明道此語反覆歎其精妙也。道體之「體」字與「與道爲體」之「體」字原非兩個。惟道體周流而不息，故四者皆「與道爲體」。但道體之本然「體」字說來較闊大，精粗本末皆在裏許。至「與道爲體」「體」字，正見物與道之親切。物即道也，另看不得。

朱子曰：「物生水流，非道之體，乃與道爲體也。」恐人誤以物爲道體，曰「與道爲體」正爲本然之體不可見，觀此可見。無體之體如陰陽五行爲太極之體，又如性者道之形體。三千三百無一事之非仁，便是動容周旋無不中禮處，皆與仁爲體。

人禽之界，全在義利、公私之辨。一念向義便是人，一念向利便走入禽路矣，深可畏也。

士君子立身去就自有主宰，委曲徇人最是學人大病。雖以孔子之平易近人而去不接淅，何等直截斬快！子思不受鼎肉，孟子不應齊王之召，眞是壁立千仞，毫不可移易。而今接一俗人處一細事，尙爾唯唯諾諾隨人起止，況當天下國家之大生死存亡之際乎！

聖人德盛禮恭，其和平樂易處皆藹然，一體之意有發於不自覺者，斷無一毫做作。今若做聖人之迹而不得所以然之妙，便是逢迎，便是取容，便是儀衍一流人物也，豈不深足羞乎！

中庸之道，至難認亦至難取，稍用意氣則驕，稍順人情則卑。與其失之卑，無寧失之驕，此又不可不知。

程子謂：「今日格一物，明日格一物，積習既久，自當脫然有悟處。」朱子謂：「此個道不可欲速，須是零碎積攢，漫漫做將去。」可見聖學原無急迫之理，欲速助長，總皆好勝之私、褊隘之量，自貽伊戚，卒歸無成耳。

孔子曰：「吾非斯人之徒與而誰與。」孟子曰：「王如用予，則豈徒齊民安，天下之民舉安。」看來聖人心上，一呼一吸何日不與斯民相通。其視萬民之痛癢，不啻遍身瘡痍須臾難延。席不暇暖、三宿出晝，是何等胸懷、何等寄意！

「行一不義，殺一不辜而得天下，皆不爲也」，此孟子善寫聖人心地處。

或問：顏子簞瓢陋巷不改其樂，在自身則可矣，其如顏路之養何？予曰：此樂天之誠與愛親之心並行而不悖者也。若謂父母朝夕乏養，此心淡然略不界意，謂之禽獸木石則可矣，尚可以言人乎？或曰：顏子有負郭田數十畝，雖貧或不至如我輩今日。吁！此又可嗤也。孔顏在陳蔡之間，雖死在旦暮，尚爾絃歌不絕，況當平常無事之時乎？於孔顏樂處未嘗夢見，沾沾於境遇之間討生活，誤矣！

理氣之說不可不分，然亦大分不開。氣之精英處，便是理之凝聚處。有一分虛靈處，便有一分條理。故理固不可不明辨，不可不體行，不可不操持，而氣亦不可不培養。

朱子於大學工夫，謂「『敬』之一字可以補小學之闕」，謂「主敬、窮理兩事互相發明，欲闕一不得」。可見精神亦不可不收攝、天機亦不可不舒暢。鳶魚飛躍之機、勿忘勿助之妙收拾得來，方可與周之草、張之驢、程之風月同是一番活潑潑地也。

仁者以天地萬物爲一體，莫非己也。天地人己本在一氣中流行，人只是不見原本形骸之分，便成爾我，做來做去，只是自私自利一點盤固胸中，殊覺可嘆。

吾之體皆天地之體，吾之心皆天地之心。做出堯舜事業、孔孟文章，也憑天地做來，莫須驕人。

學者要學不錯，先須從爲己、立誠處入手，方有進步。

一士謂余曰：我如於八股工夫有暇，當習詩詞歌賦及古文諸事，決不肯作理學。余訊其故。曰：理學易被人厭惡。余戲謂之曰：堯、舜、禹、湯、文、武、周公，便是理學祖宗山，孔子便是理學結穴，顏、曾、思、孟便是理學龍虎沙，周、程、張、朱便是理學前案明堂。今人厭惡理學，將並此等人亦厭惡之耶！且子不慮見惡於古之爲理學者，乃恐見惡於厭惡理學之人，亦見其惑也已。

造物生意，時時可玩。一草一木接於前者，皆有藹然相通處。

用舍無與於己，行藏安於所遇。看來聖人心上何曾有半點沾滯？今之學者，非僻好山林，即熱腸事功，總皆意必固我之私耳。

程子云「克己最難」，中庸言行處曰「力」、曰「篤」、曰「固」，看來多少喫緊。海內博學能文聰明才辨之士不爲少矣，程朱之徒不多，概見只是力行處工夫欠耳。

晦翁格物一傳至精至當，有功聖學不在禹下。至或問中復取程子九條、五條之說，反覆發明，無纖毫遺義。後之學者未能篤信而力行之，反謂以學術殺天下萬世，豈不可怪？

克己莫如斷，稍涉依違，浸浸乎入於其中矣。昔人云「防之如盜賊猛虎」，然盜賊猛虎之患，猶易躲避，到得私意之蒙、情欲之感快心適意，最難把持也。朱子云「亦無別法，如孤軍猝遇強敵，只是盡力捨死向前而已」，旨哉言乎！

好勝之私、凌競之氣，皆從不仁而生。看得天下人物與己漠不相關，故只有自己不管別人，殊不知我與天下共在乾坤生意中。鼓盪天地此理，我亦此理，人亦此理，物亦此理，則天地人物之分不啻一身而有頭腹四肢之異也。衆肢皆病，而一肢欣然自喜其無恙，且欲衆肢之皆病以死也，有是理乎？

仁包義禮智，而用主於愛。蓋仁是此性中生理，義也是這段生理，禮也是這段生理，智也是這段生理。無這生理則便死了，義禮智從何處生來？至生理之萌動處，則愛合下是第一件。仁是生理，生理之發自是愛，故仁雖在內，而所具者則是愛之理；愛雖在外，而所以能愛者則是心之德。

富貴貧賤壽夭皆境也。境之順，至爲天子有四海而止，然舜、禹有天下不與。境之逆，至窮餓且死而止，然孔、顏絕糧七日而絃歌不絕。以是知我自有我，大行不加，窮居不損，無入不自得。世儒或洋洋得意，或戚戚終日，只爲不達「我」字道理耳。

古人高山景行，處處皆是。吾仁厚不及吾父，寬洪不及吾母，沉靜淵默不及吾弟，一門之內皆我師也，敢不勉力以效法之乎！

先朝楊斛山先生嘗被笞之，後遍身瘡痍，日在桎鎖中，血浪淋漓，滴地成池，而忠肝義膽、吟風弄月之趣未嘗一日而息。今值一稍不如意事，便生怨尤，便廢誦讀，眞卑鄙污下之至，不足言學。

處以下人與曲意徇物自是天淵之辨，稍有一分逢迎意，便是機變之巧、禽獸之心，儌倖不死，生機久已槁也。嗚呼，危哉！

聖人十五志學時，合下便以聖人爲期。今之學者誰曾如此存心來？早已信不及，如何做得到？有天德，然後可語王道。不從克己復禮中做工夫，縱蓋世才華，必入權謀術數一流。雖人品純疵高下各自不同，然於源頭上不曾做得徹，則其事功終是淺小，到底不過漢文、唐宗之治耳。

聖門學者說的即是行的，而今講究討論，若欲駕由、賜而上之，然卻是口頭話。反之於心，自愧處不知多少。人禽之關尚未打過，而高談闊論於友朋之前，是與無忌憚之小人何異耶？可愧，可愧！

天人一也，更不分別。吾人與天地本非兩物，可惜天地至大，吾心卻小；天地至公，吾心卻私；天地至實，吾心卻僞。西銘曰「違曰悖德，害仁曰賊」，言之可爲極其痛切，學者所宜猛省也。

今人非不知聖賢所行之正，只爲不合時不敢決意去做，殊不知人生世上不過五七十年，縱投時好，寧有幾時？異日萬世之下自有公論，孰長孰短，孰高孰下，必有能辨之者。

上古書冊未廣，聖人格物之學實從天地萬物、身心日用上辨別，故事事做得實。今人只向故紙堆中用工夫，卻不知向自己身心上討取，所以都不如古。

吾人讀書只是「明理」兩字，果然把柄在手，自然事事做得。迂儒不達，只欲死守書冊，殊不知堯舜「揖讓」、湯武「放伐」、伊尹「放太甲」、周公「誅管蔡」，是從何書讀得？何人討來？

學人讀書萬餘卷，只是大學「緝熙」兩字不曾會得。

學者必無兩得之理。欲揣摩時好，必得罪聖賢。寧爲孔孟所是，毋爲流俗所悅。

問：語道「天下莫能破」，殺人於貨之盜不知亦有些道否？時大雨淋漓，曰：當此雨，盜亦知向無雨處走，便是「道不可離」處。曰：道固無時不發見，但適當殺人之時，道則安在？曰：縱然殺人，其心必自知其非。萬一牿亡之甚，好惡去禽獸不遠。要之，此執刀殺人之身亦從二五中變化得來，可見道外無物。

問：天地以陰陽五行化生萬物，其實男女搆精，萬物化生，人全是父母所生，與天地何與？曰：父母之身即天地之身，父母天地只是一個物事。曰：未有萬物之始，人原是天地鼓盪出來，但物各相生，似不甚干天地事。曰：人一呼一吸，無日不與天地之氣相通。父母之身渾是二氣充積洋溢，自受胎以至成形，何嘗一息離得天地，故曰「民吾同胞，物吾與也」。

禹曰：「惠迪吉，從逆凶，惟影響。」善者未必皆吉，而不善者亦未必盡凶，此乃數之不可知者。要之，天理毫不可易，果能脩德之至，仰不愧，俯不怍，至於至誠感神而不獲福，未之信也。

堯、舜、禹、湯生來渾是善氣，桀、紂、幽、厲亦是生來帶得惡氣多，此亦似皆前定之數。然其興也以仁，其亡也以不仁，終是理爲主在。

堯曰：「我其試哉！女於時，觀厥刑於二女。」禹曰：「予創若時，娶於塗山。辛壬癸甲，啓呱呱而泣，予弗子。」看來聖人高出萬物處正在此等。閨門之內，情欲之叢，於此處苟不能下實落克己工夫，則人心日危，道心日微，至於昏昧放逸，雖讀書談道，究竟於己毫無干涉。於父母必不能孝，於兄弟必不能友，於家國天下無一不乖其宜。桀、紂、幽、厲之亡其國，蓋以此也，可不畏乎！

堯釐降二女於嬀汭，以觀厥刑，此際煞非易事。今人家妻黨稍稍富貴，不免夫綱倒置，況以天子之女嫁於匹夫。毅然以正自持而無所動其心，非天下之至聖，其孰能與於斯！

問：「子莫執中」終未能了然於心。曰：如與人送禮，楊朱決然送一分，墨翟決然送一兩，子莫亦不問是如何情面決然送五錢，是三子皆執一也。聖人則不然，該與他一分便與一分，該與他一兩便與一兩，該與他五錢便與五錢，這方是時中，方是權。

人生百年不啻瞬息，錯過一日即少一日，但得閒暇須與聖賢晤對，萬不可與俗夫說無益話也。

每日須聞所未聞方好。

孔子一生知己惟有顏子一人。曰「惟我與爾」，曰「知我其天」，個中消息由、賜尚有未達，在遇庸輩便自寫心，殊屬可笑。

剛明果斷以應事，沉靜和平以接人。

問：曾、閔不臣季氏，固是極高處；仲弓、由、求輩爲季氏宰，不聞夫子有不滿之詞，何也？曰：這亦執一論不得。家貧親老，不爲祿仕，一不孝也。當時世卿執政，必欲不仕權門也是難事，只是或出或處各有個恰好道理。夫子曰「以道事君，不可則止」，由、求差處，於此際煞有未盡在。

問：夫子告子貢曰「待賈」，何不靜守闕里？而日周流四方，與衒玉而求售何異也？曰：不然也。孟子曰：「出疆必載贄。」當時士君子固有游仕人國之理，但於魯於齊於衛於宋可去則去，毫無一分沾滯繫戀之私，此即聖人之所以待也。曰：然則待之也，居魯以俟列國之聘，豈不更高耶？曰：聖人之心未嘗須臾忘天下，其欲沽之意固不能一日而輟也。必拘拘焉，與列國之君臣一無所交接，彼夫列國之君若臣未見其貌未聆其言，又安知夫子之果可用也而用之乎？故曰以其身往來於列國之間，苟有用我者舉而措之耳。要之，待也，非求也。譬之沽玉者，居魯則守諸玉人之家也，周流列國則置諸市也。若避求賈之嫌，而必韞玉於家焉，毋乃過於執乎！

問：孟子願學孔子，而高不見諸侯之節，與孔子不同，何也？曰：聖賢之心無不同，而時勢各異，固不能拘於一轍也。又孔子神明變化不可端倪，無可無不可，而實無一分枉己徇人之失。學孔子者，寧失之峻，毋失之卑，使天下侯王重我，而我斷不可失身世主，此其律令也。

總丱時聞長者云楊椒山先生微時，遇一妓扯其衣襟以爲辱，剜其手指所侵處別以新衣補之。由今思之，楊先生殺身成仁，名節與日月爭光，正以其剛方性成，無一分柔媚邪曲之私耳！

公山、佛肸之召，子便欲往。此際我輩萬萬學不得。失身權奸，不爲彼用則奇禍不測矣，此荀文若之徒所以爲可惜也。

孟子一生守孔子家法。孔子去魯，孟子去齊，何等悽惻，何等婉曲！聖人視天下生民分明如自己赤子，一啼一笑時時打動心皮。若沮、溺輩只好占便宜，我直謂之痺頑不仁。

問：曾點之志與顏子之不改其樂，何別？曰：道理原是一個，只是見地有淺深，工夫有到不到耳。此理流動充滿於天地之間，自一身百骸九竅五臟，至君臣父子夫婦長幼朋友，以至天地之所以翕闢、日月之所以晦明、星辰之所以布列、嶽之所以峙、川之所以流、飛潛動植之所以咸若其性，處處滲得透徹受得沾足，並無分毫缺欠。曾點見得此意，便覺「民吾同胞，物吾與也」，富貴貧賤患難夷狄，儘可無入而不自得，一生守此快活不盡，卻不曾實下格物致知正心誠意工夫。無論堯舜事業做不來，即同堂言志，兵農禮樂也未必如三子做得好。其日用動靜語默之間，必有不合禮處；其用舍行藏，必不能無一毫意必固我之私也。苟一切都不照管，將陷於釋氏本心之失。一旦有過而自覺焉，其烏能不愁然於中也哉！至顏子生來聰明，力量甚大，其於曾點見處，合下便實實落落，從視聽言動做工夫。克一分己便有一分受用，到得如有所立卓爾時候，滿腔子無非天理，日用動靜之間，莫不是精義妙道之所存。時而用之於兵，則所謂「好謀而成」、「我戰則克」者也；時而用之於農，則所謂百姓足而君無不足也；時而修明禮樂，則周公之制作可復也。雖大行不加，雖窮居不損，其處簞瓢陋巷而不改其樂，與聖人之心固不能無纖芥之不同，然亦大段難分別了。故點之樂較發露，顏之樂較渾融；點之樂有斷續，顏之樂無窮期。此亦可以得其大概矣。

呂晚村（註二）云：「父子兄弟從仁中來，故不講是非；君臣從義中來，故專論是非。」其義甚精（註三）。然父子兄弟亦自有當論之是非在，子不知父之非，何以盡幾諫之道？父不知子之非，何以盡教子之方？堯不以天下與丹朱，舜殛鯀而禹受舜禪，周公誅管、蔡，正爲於是非界上見得分毫不爽耳。

愼言工夫，聖人言之不一而足，說到妙處煞是難事，不必淫污苟賤之辭、怪誕邪僻之語，日用間試隨地自驗，有多少迂話、閑話、支蔓話。因人因事適當其可，信非顏、閔之徒不能也。嗚呼，微矣！

學人讀書窮理，固要講究得深細，然須於淺顯處立定腳根。上蔡云「風吹草動，便生恐懼憂喜」，切中近日俗士膏肓。憑他說元說妙，只「富貴貧賤」四字奈何不下，人品事功從此都剗斷根苗，深可哀也。子朱子有云「世教衰，民不興行」，今之民猶古之民也，只爲父兄師長自幼便教壞。問：讀書欲何爲？曰：取科第而已。取科第欲何爲？曰：美田宅肥子孫而已。其於誠意正心齊治均平之事，視之如秦、越人之肥瘠，漠然不一動於心，愈長愈甚，俗不可醫。今於子弟自幼小時，便以古人讀書之本意告之，世道或可還淳也。

問：格物窮理工夫，須是無地不周到。艮象云「君子思不出其位」而曾子稱之，富貴貧賤患難夷狄，將居一位而凡位之理無不究乎？抑出此入彼而始謀彼位之理乎？曰：言各有當，未可執一論也。儒者讀書窮理，固是無事不考核、無理不剖晰，然當下所處尤有當務之急。苟非殫精索智，細心區處一番，縱無邪心，其爲至當恰好之則恐不可得而強合也。故爲委吏乘田，則有爲委吏乘田道理；爲司寇，則有爲司寇道理；去齊，則有去齊道理；去魯，則有去魯道理。源頭只是一個，用處千頭萬緒。思不出位，正爲於分殊處討個至善也。

已上自康熙庚午至康熙癸酉。（註四）

校記

一　「今」，原作「余」，據屈氏刻後增修本改。

二　「呂晚村」，屈氏刻後增修本作「講家有」。

三　「甚精」，屈氏刻後增修本作「似是」。

四　「已上自康熙庚午至康熙癸酉」，原闕，據屈氏刻後增修本補。

卷二

自幼於晦翁之書一字一句無不僻嗜，而今行年三十，無論精義奧旨，即眼前粗淺道理尚無的見，安望其爲朱門之徒乎？可畏也！

問：克伐怨欲不行，夫子不許其仁，子朱子並不以爲求仁之功，何也？曰：只是「不行」二字下得無力，便有病在。「漢、賊不兩立」，這個事須要與他決戰一番，根株剗盡纔好。曰：然則安得人盡顏子乎？曰：不然也。顏子力量甚大，固非諸賢可比。然以殺賊譬之，顏子梟悍無比，大開四門，探虎穴，取虎子，所謂乾道也。仲弓則深溝固壘，萬萬不容他人來，時或兵臨城下，只是以死守之，所謂坤道也。原憲則是容賊在城中居住，時而以金珠安之，然暫息一時之鋒，而不能不竊發於一旦，故不惟不足以言仁，謂之克己之事、求仁之方，亦有所不可也。子朱子於聖人之言，不惟有以得其言中之意，而並有以發其言外之旨，往往如此。

學者軟面皮最害事，剛柔同體而異用，風霆雨暘缺一不可。

大禹惜寸陰，我輩當惜分陰。今之學者止在看書作文上做工夫，至父子兄弟待人接物間，行不著，習不察，不知錯過了多少。須知一年三百六十日，一日十二時，無動無靜，皆有緊要工夫在。夫子「發憤」是發個甚？顏子「克己」是克個甚？可以猛醒矣。

或問：君臣之義，域中第一大事。此節一失，無足以贖其罪者。管仲不死子糾之難，由、賜非之，夫子第稱其功，而不論其當死與不當死。若然，則救時立功即可不論君臣之義。亂臣賊子誰不以救時立功爲言者，萬古君臣之禍不將自聖人開之與？曰：功過自不相掩。管仲之罪小而功大，由、賜各言其所短，夫子專論其所長，不相妨也。朱子謂「管仲有功而無罪」，遂有以召忽之死爲傷勇，以管仲之不死爲達權者，此誠迂儒之論也。仲既達權，何不於爭國之時勸子糾以相桓，迨君死之後始悟所輔之不正，而自勉以圖後功耶？萬一射鈎之時，小白一死於仲之手，不知將何權之可達乎？夫子小管仲之器，其於聖賢精義之學，固概乎其未之聞也，安知其相桓也，不出於貪生畏死之意，而未免於計功謀利之私耶？由、賜之論光明正大，誠足以判其罪矣。但所輔之不正，持論者猶可稍寬一步。要之，其罪固自在也，朱子無罪有功之說恐非至當不易之論，聖人錄其尊周攘夷（註一）之功，分明天地至公之心，不欲以所短棄所長。晚村 呂先生（註二）又以爲管仲之功正是春秋之旨，有更大於君臣之義者，故足以贖其忘君事仇之罪，此或有激而言之（註三）耳，聖人之旨恐不如是也。

一友人性嗜妓，屢諍不聽，謂杜工部、蘇眉山曾攜妓以游，何況我輩？余謂之曰：子美、東坡乃文人詞士之流，烏足法也。誦習孔孟而不知其嫡祖，奈何爲旁支異族作兒孫耶？夫婦一倫本是天理極至中事，寡廉鮮恥莫妓爲甚，奈何行夫婦之禮耶？曰：妓中亦有博及群書工於詩賦者矣。曰：詩詞歌賦，脫不得「禽獸」兩字。曰：吾之所以與妓交者，不過玩物適情耳！豈眞留意於物哉？曰：不然也。天地絪縕，萬物化醇，男女搆精，萬物化生，此生萬物之原也。然不有夫婦之別，則父子兄弟亂矣。父子兄弟亂，而君臣朋友可復問哉？故竊謂聖人五倫之教，其有功於天下萬世者，較之治水教稼爲更大。蓋即兵食可去，而信不可去之說也。今以天地祖宗父母之身，而與淫污苟賤之婦比而同之，將所生之男女終身娼門，其爲祖宗之罪人也，死有餘辜。或以妓爲良，而種類之污濁亦已甚矣，又烏論子之留意與否耶？其人愧汗浹背，誓終身不復入娼門，因誌之，以爲吾子弟戒。

治天下之道，先養而後教，修身亦然。精神不凝固，氣血不充腴，則不足以讀書窮理，故養之之道不可不急講也。

陸王之學，好在養精神處，究竟亦未可盡非。其差路處，只是不論是非，滅卻格物一義，流入本心之學也。

中也者，天下之大本。時時照管此物，不令一息昏昧放逸纔好。

問：夫子曰「殺身成仁」，身以載仁，無此身，仁於何具？曰：身者得於天之氣也，仁者得於天之理也，兩者本不相離。故孝經云「身體髮膚，受之父母，不敢毀傷」，又云「毀不滅性」，聖人於此身何嘗不喫緊來？至兩者不可得兼，則舍氣而存理、殺身以成仁。蓋從來原無百年不死之身，存得仁時，此心自可千載不朽，僥幸偷生幾與禽獸無異，行屍走肉謂之不死可乎？從來志士仁人分明於此際看得十分洞徹，故視死如歸耳。

魯論一書教人爲仁處最多，至民之於仁也一章，直是四面把截，說得無躲避處，學者所宜猛省也。

學者須於「甚於水火」處著實，信得及，方會不差。

問：莫我知也章，夫子嘆人「莫己知」，不與「不知不慍」之旨有違乎？曰：不然也。聖人此章乃以開示子貢耳，非從人之知不知起見也。不是人不知聖人，是聖人原未易知。在聖人純亦不已，無一時不有工夫，無一事不有妙義，處處是學，處處是達，其悠然獨得之妙，人從何處討得消息。曰「知我其天」，非虛語也。聖門穎悟莫如子貢，夫子以身示教，正欲於人所不見處下實落工夫，做將去耳。曰：天地無心而成化，天之知夫子是虛論其理如此，天豈眞能知夫子耶？曰：天與夫子本合而爲一，夫子之身即天之身，天之道即夫子之道，中間並無絲毫間隔。至謂天地無心而成化，天之心固不同於人之心，而天之理初不異於人之理，無一處非天，無一處非天之心，便無一處非天之知。下學上達，夫子無一息不與天通，天又何嘗一息不與夫子通乎？此等處儒者多信不及，然卻是至平實道理，不同二氏幻妄也。

不怨不尤，非人欲之凈盡，不足以語此。

下學上達，知我其天，此際便可尋孔顏樂處。

問：夫子「下學上達」與顏子之「克己復禮」何別？曰：此際分界甚微。聖人天理渾然，生來無一分人欲之私。然於本體上未嘗一息不照管，於致用處未嘗一事不省察，故自以為下學是聖人朴實頭話，非徒以教門人也。但其學處「從心所欲不踰矩」，卻不大段喫力，如鳶之飛、如魚之躍，做處便是學。做得十分恰好處，便是達。至顏子未免有些滓渣，其心固不能如夫子之渾然無私也；其致用處，亦未能如夫子之作止語默，無適而非至善也。然識見甚明，力量甚健，聖人下學上達處，顏子處處看得透，便處處下實落工夫去做。有一分人欲，便十分克得盡；有一分天理，便十分復得盡。到得眞積力久，分明一聖人氣象，故夫子稱其「三月不違仁」、「簞瓢陋巷不改其樂」，與己原無甚分別了。今亦不必問孔子是如何，顏子是如何，只從視聽言動間實實下克復工夫，不患不到孔顏地位也。

孔子極惡患得患失之鄙夫，孟子比求富貴利達者於乞人，是最善為夫子下註解處。試問今之學者還是因甚麼為學？上學識字便欲做官，做官何為？肥家而已。習與智長，求富貴利達之心愈急，求富貴利達之術愈工，巧宦衣鉢默相授受，不過為長保富貴計。至於君德之邪正、生民之休戚，漠不動念，尙望其有眞人品、眞事功乎？此鄙夫乞人所以既見於古，而復不絕於今也。

孟子曰：「附之以韓、魏之家，如其自視欿然，則過人遠矣。」今之學者視中甲科如到孔子地位，中鄉科如到顏子地位，狀元試三場便可與天地參矣，更何欿然之與有？

問「精義」、「徙義」之別。曰：「精義」就知一邊說，「徙義」就行一邊說。然平日無

「精義」工夫，臨事必不能詳審而進於至善之域；臨事無「徙義」工夫，則平日之考究辨析皆虛。程子曰「知行兩事須令互相發明」，此之謂也。

問：陽儒陰釋之學，有以孟子「集義」之「集」作如鳥集木之義，而譏朱子今日集一義、明日集一義之非者，其說如何？曰：朱子之學，優柔厭飫，循序漸進，無一分欲速助長之失，而聖凡皆可依之以爲功。陽儒陰釋之徒，好直捷而惡紆徐，其意以爲一了百了，省卻許多支節，而不知其心粗氣浮，萬不可登孔孟之堂也。朱子「集」字解，原從「義」字生出，與「襲」字緊相對炤。子程子有云「無私心易，當理難」，無過不及，恰好至善，雖顏子猶難言之，況下此者乎？伯玉行年五十，而知四十九年之非，義如何硬捉在這裏。朱子云「集義，猶言積善」，正謂「義」字最難識，亦最難執，故須循序漸漬求之。一日與一日不同，一年與一年不同，及其眞積力久，義精仁熟，私欲之盡而天理之純，無復有大過不及之差焉，則浩然之氣可得而言矣。今謂「集義」如鳥之集木，一念在義便終身不復變易，豈其所行果能必私意之不生耶？豈其皆粹然至善，而無過不及之可言耶？豈天下學者皆生知安行如堯、舜、孔子耶？其言曰：一日如此，便是一日聖人；一年如此，便是一年聖人；終身如此，便終身是聖人。蓋視「義」字甚粗淺，故看「集」字甚直捷。依其說，正所謂義襲助長，告子之支流餘裔，又烏足言學哉！

「集義」「集」字，有中庸「博學」、「審問」、「愼思」、「明辨」、「篤行」五者工夫在內。

問「集義」與「精義」、「徙義」如何分？曰：「精義」所以爲「集義」之地，「徙義」所以盡「集義」之事，「集義」則不過依二者做去而已。

學莫難於變化氣質。仁義禮智之性各有所偏，遂與天地不相似。因其所偏而自勝焉，便是造化在我，旋乾轉坤手段。

「君子所過者化」是就聖人及物處說，然源頭工夫正是如此。堯舜事業三杯酒，湯武征誅一局棋。此心一有沾滯，便於虛靈之體有礙，無以得物各付物之妙矣。

問：大孝終身慕父母，獨不知好色慕妻子、慕君乎？曰：天理人欲同行而異情。常人之情因物有遷，做來渾是一片人欲。聖人情之所發莫非天理之正，雖未嘗廢少艾妻子、事君諸事，然其因物付物，實無一分沾滯繫變之私。慕親一件自天命之性流出來，本是第一件緊要道理，別個事眞稱他不過。

聖人誨人不倦，便是造物一段生意，唐、虞、三代事業正從此發軔。近見學人讀書萬卷，其最得手一著只是不肯向人前說，即此便成小人之喻利。伊川先生云「一心可以興邦，一心可以喪邦，公私之間爾」，學者所宜深戒也。

與人議論道理，雖所見甚正，亦宜從容和順以將之。少增一分客氣，不惟所言扞格不入，此身此心便已不好了。

天地不曾一息間斷，人心亦不曾一息空缺。於穆不已是如何？這須要人自去尋討。天地不過是個大人，人不過是個小天地，看破皮殼，便是即天即我，即我即天。

問：呂晚村（註四）云「明德非心，心所具者乃明德」，不知是否？曰：謂明德非心不可，謂明德即心亦不可。言心便有人心道心，明德則以心之純乎道心者言，著不得一毫人欲之私，其實虛靈不昧，非心而何，乃心之本體也。張子曰「心，統性情者也」。朱子曰「虛的是心，實的是性」，又云「緣他是光明發動物事，故能承載許多道理」，盡心章註云「心者，人之神明，所以具衆理而應萬事」，可見明德分明以心言，而兼性情在其中。晚村（註五）之意，見後世學者奉明德爲宗旨，其實師心自用，流入二氏之學，故云明德非心。要之，明德與心豈是兩物，學者善會之可矣。

大學言「明德」，朱子序中便言「仁義禮智」；中庸言「性」，朱子序便云「虛靈知覺」。心與性豈是瞬息可離物事，非心則性何處承載，非性則心之生意已盡，如死灰槁木，成不得心了，故心性兩者合下便是拆不開的。

庚午在盩厔，與朱宿袁先生作別，問及心性。時方飲酒，先生舉盞答曰：「心不是盞，性不是酒。」彼時心甚疑之，自今思之，只是言心性囫圇，原是一件物。

或問：心是氣上事，仁義禮智是理上事，理氣二者如何混得？曰：心者，理氣之會也。氣之精明在此，理之凝聚亦在此。今試思此心虛靈不昧時，仁義禮智那一件不飽滿在裏許。

問：晚村（註六）云「心者，所以爲學之物，從古無以心爲學者」，又曰「要識心做甚」，其說如何？曰：從古聖賢皆從心上做工夫，羅仲素教延平先生於靜中觀喜怒哀樂未發之氣象，何嘗不教人識心來？但晚村（註七）之意，見爲陽明之學者不實去窮理克己，兀然守其昭昭靈靈之體，更不論是不是，只此體常在，便以爲至。精之則流入狂禪，粗之則爲權謀功利，故激烈言之如此，意圓而語滯者也。

朱子之學，本末兼該，內外交養。大學或問補「敬」之一字，又引程子「涵養須用敬」之說，煞有深意。今之學者只在外面讀書窮理，全不在裏面照管，爲病正自不小。

問：晚村（註八）論「誠意」，云「意之所發，必從熟處生，即夢寐病狂醉亂時驗之可見。故格物致知後，於道理講究得熟，則意發必當」，其說如何？曰：謂「意之所發，從熟處生」，致知格物後果能必惡念之不生乎？如不復生，則私欲已斬斷根苗了，更用甚愼獨工夫？晚村（註九）硬主張從皆善無惡講，卻是所以然處說得不確實。夫意者，好善惡惡之謂也。致知之後不能皆善，只是見善必起好的念頭；不能無惡，只是見惡必起惡的念頭。緣知處十分透徹，故好之惡之之心自不能已，所以欲誠意必先致知。呂氏（註一〇）之說，未免失之鑿矣。

學者闢佛老兩家，然自己卻有讓地步處。兩家看得百年一瞬，便求不死妙訣，思與天地不老。學者讀孔孟之書，究其用心，不過爲喫著不盡計，即有粗知聖學者，終是求富貴利達之意多，殊不思此身在天地間能有幾個日子？孔孟當年是如何？今日是如何？我輩今日是如何？異日當如何？今天下學者，果有學佛老人見識，有學佛老人志氣，不患不到孔孟地位也。

一日爲門人授書，及「用舍行藏」二句，曰：聖人於用舍行藏之際，行所無事，如我輩飢了食，渴了飲，率其日用之常，何嘗有一分詫異。講畢，看朱子語錄云「用則行，舍則藏，如晴乾便著鞋，雨下便赤腳」，與余飢食渴飲之說不謀而合，眞是好快活！

問「用之則行」二句。聖人期月已可，三年有成，行夏時，乘殷輅，服周冕，與尋常之行大不相同。曰：固是聖人之所以爲行者不同，然此章難處，卻在二「則」字上見其無一毫意必固我之私也。惟無一毫意必固我之私，胸中灑灑落落，無一分沾滯，全是聰明睿智之體。由是得行其道，三代禮樂方能斟酌盡善，與時宜之。不則如兵家雖孫、吳之書不遺一字，而此心不得其運用之妙，有百戰百敗而已，故緊要於二「則」字上看聖人全身。所謂「樂亦在中」者，此也；所謂「不改其樂」者，此也。孔門多人少到這地位，故曰「惟我與爾有是夫」。曰：二「則」字既甚難，如何得到此境界？曰：聖人所以能然，只是天理渾然，人欲淨盡耳。顏子有克己之功，故亦幾此。學者須由博學、審問、愼思、明辨、篤行之功，以漸進於無我之地，則理明心定，全體洞然，庶乎其可以得之矣。

問：臨事而懼，好謀而成之人，便能用則行舍則藏乎？曰：未可知也。有用行舍藏妙用，自然用兵如神，故曰「丘不戰，戰則必克」。至於臨事而懼好謀而成，三代後如孔明亦足當此，若夫孔顏行藏之妙，尚有未逮也。

閔子惟不言，故言無不中。今人惟多言，故中者常少。

大禹，聖人，書稱「克儉」；伊尹，元聖，一介不與。君子之於財也，重之固不可，輕之亦非是，此中正有惟精惟一工夫，甚勿草草看過。

剛柔二者，一刻不可偏廢。愚生平殊有過於和煦、自失威重之病，須宜痛改。

吾人立身涉世，最不可徇人情面，欲投時好，必至失身，須壁立千仞方好。

聖門惟顏子是第一個大勇，任憑惹大私欲，都與斬斷根苗。入虎穴取虎子，不足喻其精銳也。其餘諸子縱然認得是賊乃寇，臨境上終是奈何他不下，「或滋他族，實偪處此」，久之禍生不測，亦可嘆也。

子見南子，子路不悅。學者須知子路不悅處便已到升堂地位。壁立千仞，何等氣象！聖人難驟學，須從此處入手。

客有問長生之術者，曰：德、功、言。問長生之人，曰：上焉者，堯、舜、禹、湯、文、武、周公；下焉者，孔、顏、曾、思、孟。固不必向蓬萊求眞仙也。

中庸「未發之中」乃太極也。學者不在此處著工夫，便是無頭學問。

晉大夫伯宗之妻，每臨朝，必戒其夫曰：「盜憎主人，民怨其上。子好直（註一一）言，必及於難。」（註一二）後宗果爲三郤所害，直言足以殺身如此。然則士之立人朝者，惟捫舌而已乎？曰：非也。語不云乎「好直不好學，其蔽也絞」，惟好學，則或語或默各中其節矣，焉有賈禍之理？

康節云：「智哉！留侯善藏其用。」朱子云：「只燒絶棧道，其意在韓而不在漢。韓滅，始歸漢。」按：燒絶棧道，使項羽知其無意於中原，便是善藏其用處，留侯生平以此保身，即以此興漢。文公所解似不是邵子本意。

人生無念無太極，無時無太極，無地無太極。常保此理而不失，及其至也，則與天爲一。人之所以異於禽獸者，以其有禮義也。世人終日嘵嘵，齒敝耳聾，利欲而已，與鵲噪驢鳴何異？

一日與客談，偶及時（註一三）相數人。客曰：如某者才大如海，與上言，應對天然入妙，一毫不忤上意，渠受賜比他相爲多。余曰：此輩人，四書中有幾個好名目：一曰鄙夫，一曰妾婦，一曰事君人。古大臣以道事君，責難陳善。虞書一卷，禹、皋等如何事君？何嘗不令君喜？卻思所以喜是如何。今世（註一四）巧宦衣鉢默相授受，其第一要旨只是要討上喜。上喜何爲？曰：官高一品，肥家而已。其要緊秘著只是以順爲正，至於君德之邪正、生民之休戚，如越人視秦人之肥瘠，漠不動念也。如有特立獨行、忠君愛民之臣，則群目曰道學，笑曰古板。試思某老爲人是如何，而嘖嘖稱道不置耶？

邵子云：「思慮一萌，鬼神得而知之矣，故君子不可不慎獨。」夫君子之慎獨，豈畏鬼神之知哉？然而鬼神則未有不知者。

康節云：「人之耳目鼻口手足、草木之枝葉華實顏色，皆鬼神之所爲也。」又云：「福善禍淫，主之者誰耶？聰明正直，有之者誰耶？」前數句「體物不遺」之說也，後數句「神之格思，不可度思」之說也，鬼神之情狀止是一物，於此可見。

鬼神之用，無一處不到。無一處非鬼神所爲，便無一處不知痛知癢。以知推之全體，鬼神更何差別。

學者讀書，最忌自主張太過，須是虛心玩味，其義自出（註一五）。

漁樵答問云：「食之害也重，鈎之害也輕。」天地間鈎亦多矣，人不貪食，雖百萬鈎何所用之。甚矣，非鈎之罪也！

孔子去魯，孟子去齊，衆人固不識，世亦無必使人識之。孔孟遯世不見知而不悔，乃眞孔孟也。

孟子一見梁惠王，銜口便道仁義。今日鬬利言仁義便犯世忌。嗚呼！戰國何時耶，而孟子乃言仁義乎！有志之士，亦可油然而興矣。

問：中庸明修身之事，既云在以達德行達道，而後言「九經」之事又異其辭，何也？曰：修身之道，「敬」之一字足以盡之。首章先言「戒愼恐懼」，則「齊明」之說也，「愼獨」則「非禮不動」之說也。下引夫子之言大舜、顏淵、子路，則以三達德行五達道之說也。就其功之統會而言，則曰戒愼恐懼；就其體道之詳而言，則曰知、仁、勇。究之，三者非有敬以主之，將見知必不能成其知，仁必不能成其仁，勇必不能成其勇。言雖不同理實一致，非有歧也。

問：大學言「明德」，中庸言「性」，其不同，何也？曰：明德者，心之本體，而性具焉。其靜則未發之中也，其動則已發之和也。謂明德與性是兩物固不可，謂明德即性亦不可。會得時，是一是二，是二是一。

問：孟子養氣之功在於集義，持志則如何？曰：敬而已矣。孟子集義則大學致知誠意之事也，持志則正心之事也。曰：知言屬知，養氣屬行，子以集義爲有致知之事，何也？曰：「義」之一字，屈伸萬端，變化無窮，非格物致知則無以眞知義之所在，而施其集之之功。然或已知而不誠其意，則雖明知其爲義，而奪於外誘之私，而不能守其天理之正，亦將徒知而已。故致知、誠意二者，俱寓於集義之內也。至於知行分屬，言各有當，以不動心言則知言爲知，養氣爲行，以集義言又各有知行之義也。曰：持志爲正心之功，何也？曰：孟子「志」字即大學之「心」字。心有不存，則無以爲酬酢之主，而百體俱失其令。故必保養此心，使其神清志定，鑑空衡平，常足以帥氣，乃爲得耳，而其道則莫要於敬。曰：孟子詳言養氣而略言持志，何也？曰：聖賢教人言體處常略，言用處常詳。孔子語顏淵爲仁，視聽言動全在動處。中庸一部，說致中工夫甚少，說致和工夫甚多。蓋勝人欲而復天理，喫緊工夫全在用處，非如異氏兀然寂守一心，便爲最上乘法門也。孟子之意正是如此。

鄧艾泛愛不疑，卒以賈禍。輕於信人，爲害不小。

「逆」、「億」固涉於私，然「先覺」非聖人不能。今與人相接，須仔細推詳，方不至爲世所賣弄。

見理明，閱人多，人到面前大約瞞不過，然萬不可自恃其才。堯之於舜也，二女妻之，以觀其內；九男事之，以觀其外，況下此者乎？孟子曰「國君進賢，如不得已」，左右、諸大夫、國人之言皆不敢遽信，學者所宜法也。

平日雖有格物窮理工夫，臨事須再三審量，方得不差。孔子曰：「擬之而後言，議之而後動。」旨哉，言乎！

孔子曰：「丘之禱久矣。」孟子「存心養性所以事天」之語，正是極好註解。學者不知事心，便是獲罪於天。

魏王昶曰「救寒莫如重裘，止謗莫如自修」，其意自善，但學者自修豈干謗譽事？如曰爲止謗而然，其爲修也幾何矣！

子路升堂地位，已撻破名利關了，所少者精義之學耳。今人許多計較，卻只在名利上，究竟如何做得事業出？

孔孟於公伯寮、臧倉之譖，皆歸之天命，固是不尤人道理，看來聖賢遇合比庸衆人甚難。庸輩得志，不過一身榮貴衣食豐足而已。聖賢道行，躋一世於蕩平，措萬物於熙皞，須是天地運數到極盛時，生民方得享此福。孔孟、程朱終身坎壈，職是故也。

書曰：「惟聖罔念作狂。」聖人何至作狂？蓋道心人心雜於方寸之地，一念不謹，瞬息千里。每見自幼卓然自命，末路一時之失，萬事瓦解，深可惜也。故君子戰戰兢兢，保守此心，雖幽獨得肆之地，如對神明，如接大衆，蓋防欲若賊，夜夜必嚴鎖鑰也。

或問「孔顏樂處」。曰：「喜怒哀樂之未發謂之中，發而皆中節謂之和。」或未達。曰：性情之德，聖凡所同，孔顏做得盡，故樂。問：如何做工夫？曰：非禮勿視，非禮勿聽，非禮勿言，非禮勿動。

王昌齡詩云：「因得省疏慢。」保身之道已盡於「省疏慢」三字中，學者不可不察。

「禮，不妄悅人。」余平生頗有妄悅人之病，雖無邪心，苟不當理，亦皆妄也，須痛戒之。

屈子曰：「舉世皆濁我獨清，舉世皆醉我獨醒。」獨清獨醒煞是難事，稍近人情，隨人而掘泥餔糟矣。此處斷宜壁立千仞，方能把持得定。

「孔子，聖之時」，孟子從中庸「時中」二字看出。「智」、「聖」二字寫所以能時之，故中庸「時中」下緊出「知」、「仁」，便是此義。

伊尹樂堯舜之道，卻變「揖讓」爲「征誅」，非精一工夫到極頭處，如何做得此事出？

曾子曰：「與朋友交而不信乎？」又曰：「以文會友，以友輔仁。」博約工夫俱資友以成，離卻「信」字，講學輔仁終有不盡處。

孟子論友，發前聖所未發。說「不挾貴」，直到「天子友匹夫」；說「取善」，直到「尚友千古」。眞石破天驚之論，道理卻極平實極精當。

善學聖人者，求其心而不求其迹，則無膠柱鼓瑟、刻舟求劍之病。

佛氏之學，全在心上做工夫。學者厭聞空寂之說，將「心」字略不講究，獨不思大學之「明德」，中庸之「致中」，孟子之「求放心」、「立大體」所言都是何事？而乃舍卻本源，只在支派上與異端爭短長，正是今時大病。

孫叔敖之母曰：「天處高而聽卑」與「及爾出王游衍」之意同，故君子無念不事天。

孫子十三篇論兵法極精，學者或加以善戰之罪，謂聖人神武而不殺。衛靈公問軍旅之事，夫子答以「未學」，諄諄言兵必啓人君窮兵黷武之心，不知自古帝王未嘗廢武。孔子曰：「以不教民戰，是謂棄之。」嘗云：「我戰則克。」以兵加萊人，齊侯懼。費人之亂，則命將士以伐之，費人北。而冉有之言曰「聖人文武並用」，則兵法之不可不講也明矣。特戰國之時，其君臣日以戰伐爲事，而不知躬行仁義以得民心，故孟子斥強兵之人爲「民賊」，又曰「善戰者服上刑」，非謂有國家者眞可廢兵也。

聖人生知安行，心體欲用，然下學上達何嘗一刻不照顧天理？莊子忘仁義，忘禮樂，心齋坐忘、離形去知之說似高而實卑，孔 顏必無此學問。或曰：顏子欲從末由，非即離形去知，同於大通之境有所未達耶？曰：縱到夫子境界，斷無一切任他、毫不經心之理。

莊子曰「求其爲之者而不得也。至此極者，命也夫」，又曰「知其不可奈何而安之若命」。既已一死生、忘形骸，何爲又道個「命」字？看來不實下克己復禮工夫，終於貧賤生死關頭打不過，反覆說安命，不安病源終在。

程子謂：「文中子圓動方靜之說，倒說了。靜體圓、動體方。」依愚見，圓動方靜未嘗不可。天圓而地方，陽動陰靜，圓則行方則止。仲淹之說似亦可通。

程子云：「文中子本是隱君子，世人傅會成書。」有一件事半截好半截不好，看來非盡傅會之過。朱子云「都不消從正心誠意上做出」，又云「不去學二帝、三王，去學兩漢」，又云「依附六經，不知其學之不足以爲周、孔，不知兩漢之不足以爲三王」，其論至精。

老子之術，謙沖儉嗇，全不肯役精神。莊子一部正是此意，謂仲尼爲天刑之民，桎梏必不可解，其受病略同。

老子云：「三十輻共一轂，當其無，有車之用」，與莊子「惟道集虛」同是一意。中庸「未發之中」何嘗不是此理？只是發處實落工夫，全不同耳。

問：長於上古而不爲老，覆載天地、刻雕衆形而不爲巧，莊子之說非即太極生兩儀道理乎？曰：莊子固亦有見處，但其所主終是氣。觀其深厭仁義是非，而比之黥劓；自謂決破藩籬、游於方外，而不知孔孟之學。舍仁義是非，則全無下手用工夫處，所謂「其高過於大學而無實」也。

問：「功蓋天下而似不自己，化貸萬物而民弗恃」，非即大禹「不矜不伐」、孟子「王民皞皞」之說乎？「立乎不測，游於無有」，非即「過化存神」乎？曰：不然也。莊子此數句亦自高妙，卻不思他開口將學道不倦人一筆抹殺。「嚮疾強梁，物徹疏明」，以爲勞形怵心，豈知唐、虞、三代諸聖過化存神，斷從兢兢業業、勞形怵心做起。只怕勞著自己，一切放下，曰天下即此已治，既治之後，此心仍如無有。其言雖高，總是英雄欺人語耳！

「至人之用心若鏡，不將不逆，應而不藏，故能應萬物而不傷」，莊子此條極得大學「正心」工夫，俗儒全不能解此。

莊子「鑿竅七日而混沌死」，最善形狀「虛」字之妙。凡有沾滯不化，皆足傷其生機。無論爭名奪利，肆情縱欲，皆伐心之斧斤。即如讀書窮理本大學入門第一工夫，但書富如海，必欲博盡天下之書，欲速助長，敝精勞神，靈明之氣反被所傷，是亦此心之桎梏也。善讀莊子，於應物不傷妙用必有得焉。

莊子「游心於淡，合氣於漠，順物自然，無容私而天下治」，與大舜「無爲而治」、禹「行所無事」意似無異，然卻有天淵之辨。聖人雖無爲而實無一事不周到，如天地之覆載萬物，無一不在其鑪治之中。莊子將仁義禮樂一概看爲粗迹，惟欲純任自然，游於太虛，雖欲治一人一家不得，何況天下？此清談之所以亡晉也。

「名也者，相軋也；知也者，爭之器也」，二語甚足爲戒。夏后玄（註一六），陸機、雲兄弟輩只是不達此理，以知相尚，以名相高，卒以不免，可不慎與！

養生篇：「爲善無近名，爲惡無近刑。」夫爲惡便不可，何論近刑不近刑也。至「爲善無近名」似爲有理，而其意則以爲不必做到十分恰好、可以得名境界，乃足保身全生耳，非崇實之謂也。不知聖賢之道，未嘗要名亦未嘗惡名，止期於至善而止。必以埋名爲藏身之術，全是從利害上起見也。

莊子云「游於物之所不得遯而皆存」，又云「知心之不死」，又云「善吾生所以善吾死」。凡佛老兩家精髓，皆在不死處做工夫。聖人教人，止令於人事著力。詩曰「文王在上，於昭於天」，聖人決無死理。但惟以此爲第一緊要事，一切人倫物理、是非得失概置不講，則心之神明已如死灰槁木矣，又安望與天地爲終始乎？竊謂二氏雖日講究一「死」字，而不如吾儒爲能事心，能不死也。

學者營營苟苟，看不破世事，走利趨名，肆情縱欲，幾無寧日，不知百年之後，形骸尙非吾有，區區富貴利祿、耳目口鼻之欲，能快活幾日乎？釋老家於此卻看得透，說到痛切處，如午夜鐘聲發人猛醒，但其用工夫處止自虛寂上講究，而於君臣父子之道悉擯棄之，此其所以得罪於仲尼之門也。

「緣督以爲經」、「官知止而神欲行」、「依乎天理」，似得因物付物之妙，而所謂「督」與「理」者認得不眞，究無是處。

庖丁解牛一段最善形狀養心之法，十九年而刃不傷，善刀而藏，學者最宜會其妙用。

人非大膽量，必不能成大功。秦王與趙王會澠池。秦王令趙王鼓瑟，相如亦請秦王擊缶。氣概之雄足以奪萬乘之暴主，與聖人夾谷之會「而不返我汶陽之田」庶幾相似。儒生遇事委懦如婦人女子，焉能有爲耶？

漢史云：「察見淵中魚不祥。」愚頗有責人太過之病，如不痛改，適足自賊。

已上自康熙乙亥至康熙壬午（註一七）。

校記

一　「夷」，屈氏刻後增修本作「楚」。

二　「晚村 呂先生」，屈氏刻後增修本作「而近代講家」。

三　「有激而言之」，屈氏刻後增修本作「從而爲之辭」。

四　「呂晚村」，屈氏刻後增修本作「說者有」。

五　「晚村」，屈氏刻後增修本作「前說」。

六　「晚村」，屈氏刻後增修本作「講家」。

七　「晚村」，屈氏刻後增修本作「前說」。

八　「晚村」，屈氏刻後增修本作「有人」。

九　「晚村」，屈氏刻後增修本作「前論」。

一〇　「呂氏」，屈氏刻後增修本作「如前」。
一一　「直」，原作「怨」，據屈氏刻後增修本改。
一二　「晉大夫伯宗之妻」段，劉向列女傳卷三：「晉大夫伯宗之妻也。伯宗賢，而好以直辯凌人。每朝，其妻常戒之曰：『盜憎主人，民愛其上。有愛好人者，必有憎妒人者。夫子好直言，枉者惡之，禍必及身矣。』」
一三　「時」，屈氏刻後增修本作「明」。
一四　「今世」，屈氏刻後增修本作「後世」。
一五　「出」，原作「忠」，據屈氏刻後增修本改。
一六　「夏后玄」，疑爲「夏侯玄」。
一七　「已上自康熙乙亥至康熙壬午」，原闕，據屈氏刻後增修本補。

卷三

陳潛室論魯仲連，謂「不受人之羈縻，不甘人之豢養，是以高飛長嘯而頡頏於一世」。每見讀書談道、博綜經史之人，桎梏於飢寒，苟圖豢養，失身權貴，至爲所揶揄，而不復敢揚眉吐氣者豈少哉！聞潛室之說，可以慨然而興矣。

五伯主盟，俱是假仁義之名以服與國。漢高爲義帝發喪，亦不過假仁義之名耳，然已足以傾動一時人心。設事事效法湯武，不知更當如何？

廣武之會，朱子云：「太公既已爲項羽所執，高祖若去求他，定殺了。只得以兵攻之，他卻不敢殺。時高祖亦自知漢兵已強，羽亦知殺得無益，不若留之。」朱子此言自是洞達時勢之論，但分羹之說豈人子之言哉？然則將若之何？曰「吾翁即若翁，若殺吾翁與殺若翁何異耶」，庶足以折強項之心耳。高祖但欲羽知己之不以親爲事，而不至挾乃翁以爲奇貨可居，而不知其忍心害理爲已甚也！

漢高規模宏遠，有三事焉：約法三章，一也；聽三老董公仁義之言，爲義帝發喪，二也；知人善任，三也。但其心全出於自私自利，所以待臣民者無非狙詐詭譎之術，較之唐、虞、三代君臣一體、天下一家之意，天懸地隔。

問：約法三章何以遂得關中父老之心？曰：秦自孝公用商鞅以後，法網日密，至始皇之世虐政肆行，毒流四海，萬民視之如赴湯蹈火。及沛公入關，約法三章，不啻酷暑之際而値涼風也，豈不快哉！此民之所以歸漢也。

問：漢王，長者。何以韓、彭伏誅，蕭何繫獄？曰：仁厚者，其天性也。殘忍者，自私自利之心也。惜無伊、周之佐，格君心之非以正其本也。

問：三代以後一天下者四君，皆以不嗜殺人致之。如高祖者果足當仁德之主乎？曰：亦不過彼善於此耳！項羽坑降卒數十萬，王天下之本已失。以秦易秦，民之所以歸劉而去項也。但漢高縱觀秦皇，曰：「大丈夫當如是矣！」即此足見其心源從富貴上起見，非眞湯武弔民伐罪之師也。其異於秦、項處亦是天資好，兼能鑒亡秦之失，不欲蹈其故轍耳。

或問：程子云「子房亦是儒者」，南軒張氏謂其有儒者氣象，何也？曰：爲韓矢心報仇，一也；知進知退而不溺於富貴利欲，二也；雖其用智用數本諸黃老，而其忠貞之心、澹泊之志，居然儒者舉動。

三代以下事君者，多從富貴上起見，進退遂不能綽綽。子房不受高祖羈絏處，止是於富貴看得輕，故能卷舒由己。

敬夫謂留侯「從容於高帝之旁，其計策不亟亟於售，而能動中節會」。夫其動中節會處，固是留侯明達過人。然惟不汲汲於售則神閑氣定，得失從違不足以擾之矣。大臣必有此氣度，方得不差。

楊龜山謂「張良勸沛公燒絕棧道，豈復有事漢之意」，且云「使韓王成如在，良輔之并天下未可知」，且云「高祖既阻蜀不出，其他不足慮」。此等議論未免近迂。良勸高祖燒絕棧道，不過示羽以不復出之意耳！以良之智，豈不知高祖之必得天下，而燒絕棧道遂足以錮高祖而使之不復出乎？且良之忠韓，雖其本心，而韓王成之不足以統一宇宙，良必知之。豈本欲輔成爲天子，而成既死，計無復之而後輔漢耶？誤矣。

龍蛇之蟄，以存身也。項羽王三降將，而遷沛公於巴蜀。沛公忿羽，欲戰，而蕭何強之行，張良又勸之燒絕棧道，此以屈爲伸之妙用也。此時不得何、良之計，沛公之不鄰於危者，鮮矣！

孟子云：「德慧術知。」學者遇事變，亦不得盡徑直做去。張良爲翼太子，卻用四皓，其他一切計謀儘有用得好處。「慧」字「術」字，正須善會其義。

漢封功臣，良、平居十八功臣之後，非公論也。解者曰：漢盟誓之詞，非軍功不侯，又三事最重，故良、平獨後耳。以高祖功狗功人之論推之，良之運籌幃幄決勝千里，其功當與酇侯角立，而至居諸武人之下，豈足以服良之心哉？從赤松子游不亦宜乎！

朱子云：「伊尹是兩截人，方其耕於莘野，若將終身，是一截人。及湯三聘，幡然而改，以天下爲己任，是一截人。」按：伐夏救民事業，正從一介不取與起，兩截人究竟只是一個，堯舜之道貫徹終身。

問：程子云「伊尹之於莘，傅說之於巖，非事事而學之、人人而知之也，明其在我而已」，「在我」是如何？曰：自古迄今，事做不盡，人識不盡，一代與一代不同，而天理之當然者萬古不易也。果能把柄由我，則用人行政各得其宜，千變萬化而不膠於一轍矣。

君尊臣卑，天下之常理也，經也。伯夷恥食周粟而不知通天下之變，便是於「權」字未十分透徹，故孔子止云「古之賢人」。孟子雖直道他是「聖」，然專就「清」一邊論之，與孔子意思正同。

堯舜揖讓，子噲、子之學之則亂，操、懿輩學之則篡。湯武征誅，而陷於弒君之罪者不可數紀。蓋聖人惟無一分利天下之私，故揖讓征誅莫不循乎義之所當爲。其所行者，天也，中也。後世以私利之心效聖人之故迹，無一可者矣。

龜山云「若要行道，纔說做計較要行便不是，蓋自家先負一個不誠了」，最是純儒之論。小知之人多用計較以希合世主，一被人主看破，生平名節俱壞，何如矢至誠無私之心，遇合之順逆一聽之天命乎。

問：蕭何以刀筆吏相沛公定漢，班史稱爲一代宗臣，張南軒謂其規模弘遠。如何者果足當大臣之目與？曰：蕭何自是三代以下人物，於古大臣正心誠意之學概乎未之聞也。然其相，略亦有可取者。方沛公之入關也，諸將爭取金帛財物，何獨取相府圖籍藏之，一也；勸沛公之國養民致賢以圖天下，二也；知韓信之才而首薦之，以定三秦、滅項興漢，三也；盡革秦苛法，與之更始，天下宜之，作畫一之歌，四也；給饋餉，不絕糧道，五也。蓋天分之高、才識之明，誠有非諸臣所易及者。至其營未央宮、買田宅以自污，求媚其主以爲保固榮寵之計，而幾濱於危，尚不知潔身之義者，則其未聞大道而私利之心害之也。不能正己，如正君何？

問：曹參比蕭何如何？曰：參學黃老之術，以清淨治天下，與沛公約法三章、何悉去秦苛法，同一御世之權也。秦之苛法且百餘年，生民之苦於網羅久矣。漢之君臣以清淨治之，有不得其歡心者乎？至參本攻城略地、勇悍梟鷙之夫，一旦爲齊相，避正堂，舍蓋公而師尊之。恬退寡營，以治齊者治天下，得力於蓋公之訓者爲多，可不謂自卑尊人，禮賢下士之良相與？竊思參之才遜於何而恬靜過之，然均之未聞聖人之道也。

蕭、曹初有隙，何且死，所推薦惟參。參代何爲相，一一遵何約束，無所更變，即此便是天地至公之心。事事每如此，雖進於古大臣不難矣。

韓信之死，千古冤之，然亦有死之道焉。請假王，一也；徵兵不至，二也；羞與絳、灌伍，鞅望不得志，三也。以信之才，高祖所深忌者，即以恬退持之尚懼禍及，況驕伐之氣充於胸臆間哉！書曰：「汝惟不伐，天下莫與汝爭功。」惜乎！信之不明此義也。雖然解衣推食者何心與，而一旦葅醢之，弓藏狗烹，忍哉！漢祖之待將也。

或問：陳平當王諸呂時，何不諫？曰：程子謂：「王陵廷諍，不從則去其位。平意復諫未必不激呂氏之怒。人臣之義，當以王陵爲正。」張敬夫謂：「周勃、陳平特畏死耳，未有安漢之謀也。退而聞王陵之責，顧高祖之養，思天下後世之議，乃有安社稷之言。」又謂：「委曲以行其正者，狄梁公是也。二子不得與並論焉。」按：二子當呂后之問，未必無畏死之心；而安社稷之謀，亦不得謂其全不動念也。二子一生爲人固不及梁公之純粹，然陳、周不驟諫呂氏，梁公不輕去武曌，其作用正同。夫不顧死生利害而慷慨言其所當言者，經也；知其無可奈何而委曲以俟機會者，權也。大臣爲社稷存亡計，至萬難措置處不畏舉朝之謗，不顧後世之譏，而一片孤忠雖妻子尚有不得知者，豈得執一格以相天下士哉！予讀明紀至楊繼盛見害於嚴嵩事，楊乃徐階得意門生，而徐公竟無一言挽回。至與嵩子東樓爲姻，卒以斃嚴氏，天下萬世共諒其心。萬一其謀未成而死，徐公將不瞑目於地下也。嗚呼悲哉！

高帝臨終謂：「陳平知有餘，難以獨任。周勃厚重少文，然安劉氏者必勃。」按：勃之厚重忠勇固爲可喜，而左袒右袒之間未免失計。身爲大將，宜明示諸軍以高皇之大恩、君臣之大義、呂后之逆謀，以鼓勵人心，使之競奮，奈何兩存其詞。幸而天未厭漢，一軍皆左袒。萬一或左或右，爲勃者將何以處此？至於灞上迎代王，請間尤非光明磊落之舉。班固目爲伊、周之佐，不亦過哉！若陳平譎謀固多，而其心初未嘗不忠漢也。高祖於才智之士每多猜忌，觀平後專爲相時並無滲漏之可言，平亦何負於漢哉！

漢汲黯之直，武帝嘗敬憚之。曰：「陛下內多欲而外施仁義，奈何欲效唐、虞、三代之治。」此誠純儒之論也。惜武帝有敬賢之禮，而不能用其言耳。淮南王欲反，獨畏汲黯之節義。是黯之直雖跋扈，亦有所畏服，則「社稷臣」之稱豈虛語哉！

班固謂「田叔隨張敖，赴死如歸」爲知所處，而楊龜山則以爲「雖以身死之，何益於趙」，比之婢妾侍人自殺。按：孔子美寧武子曰「其愚不可及」。詔捕趙王，有敢隨趙王，夷三族。田叔既事敖，心知其冤而冒死以徇之，與武子曠世一轍，而楊氏短之，豈公論哉？田叔悉燒梁獄詞，空手來見，固是善處人母子兄弟之間，有過人之明智。要其膽力正不可及，景帝不罪而賢之，宜哉！

爲相固以量勝，而剛果有爲之氣正不可少。漢之丙吉於爲廷尉監時，保養宣帝而不自矜伐，可謂加於人一等矣。至於爲相，問牛喘，而群盜格鬬死傷横道反置不問，乃曰「陰陽不調，宰相之職」，而韓延壽、楊惲之死皆莫之救也。宰相不親細務固若是乎？論相者愼毋徒以寬柔畢乃事也。

「禮必本於太一」。太一即太極也。萬事萬物總不出太極之理，所謂「天體物而不遺，仁體事而無不在也」。人之所以爲人者，仁也；天之所以爲天者，太極也。而太極者，仁之本，故記曰：「其降曰命，其官於天也。」

「王中，心無爲也，以守至正」，「無爲」即無思無慮意。「中也者，天下之大本」，惟無一分思慮之擾，而後「寂然不動之體」立。「感而遂通天下之故」，即是守至正意，與易言實相表裏。

欲、惡者，人之大端。飲食男女、死亡貧苦，被二者牽制者甚多。欲有以制之，舍窮理克己再無別法。

人者，天地之德、陰陽之交、鬼神之會、五行之秀，豈可甘自暴棄？須是與天地陰陽鬼神五行之理合而爲一，方可以爲成人。

郎之戰，童（註二）汪踦與公叔禺人同死於師。汪踦幼，魯人以成人之禮葬之。人之不朽於天地間者，不係乎年之長與少也。偷生之輩，雖百年如一日；殺身之士，雖一日如百年。

韓昌黎神明於文，而其意皆以道爲主，故能爲一代偉人，而文亦與日月爭光。彼徒以文焉而已者，噫，斃也久矣！

王者之君臣，相與以誠；霸者之君臣，相愚以術。舅犯及河，而授璧以辭重耳。蕭何買田宅以自污。唐太宗於李世勣之疾，爲之割鬚和藥，而其遺囑則曰：「汝能用則用，不能用則殺之耳！」其心純是狙詐之計，與唐、虞、三代之君臣不可同年而語矣。

十數年前，門人問：夫子不責原壤母死而歌，而責夷俟，何也？曰：夷俟可責，而歌母死則不可責也，不責正所以全朋友之情耳。曰：其不絕之，何也？曰：嚴以絕之，不失爲賢人之行；寬以容之，乃所以爲聖人之事。今閱朱子、胡氏之論，正與鄙見不謀而合也。

一部喪禮，非克己復禮之盡，不能無遺憾也。

飲食男女，人之大欲存焉。禫而後飲酒、食肉、復寢。即此三者，須有剛德，乃足以行之。

孔子曰：「死，葬之以禮，祭之以禮。」自始卒，而斂，而殯，而葬，而虞，而卒哭，而小祥，而大祥，而禫，而時祭，節目之詳極矣！學者率鹵莽過去。嗚呼！於此不盡其誠，烏乎盡其誠？

心存而不放則仁矣。有能行三年之禮者，則私欲盡去、天理流行，而仁不可勝用矣。非篤實自修之君子，其孰能知之？

朱子曰：「割骨廬墓，非孝也。」余平生最薄割骨，而喜廬墓。或曰：非均過乎？余曰：然。割骨，以父母之體行危殆；廬墓者，亦有虎狼盜賊之患焉。此朱子之所以兩非之也。然割骨者，於親無益，而徒有刲體之禍；廬墓則足以行不飲酒、不茹葷、不御內、不觀樂之禮，而不至有忘親之失，故不可同年而並論也。曰：有不測之患，則如之何？曰：高固其室廬而已矣！子貢反，築室於場，彼豈獨無意外之患哉！但朱子之論，立萬世不易之常經，而余則就賢者之行而衡其低昂也。

禮「練，不群立，不旅行」，是三年之內，須臾而不敢忘哀也。微乎，微乎！

人生百年，瞬息死喪之期已將至矣，尚爾悠忽度日。嗚呼，長生藥豈可倖致乎？吾見其終與草木同腐而已。

晉人曰：「禮法豈爲我等設？」居親喪而飲酒嘯歌自若，以爲放達，其病總是不畏天。橫渠先生以禮教關中學者，喪祭必遵古法。司馬溫公依儀禮、禮記作家禮，而朱子修明之。程子兄弟講明古禮於洛中。故三代以後，惟宋儒恪守禮法。今世學者惟作八股文章依傍程朱，而至於喪祭大禮則顯背宋儒而不恤。夫禮者，天地之經，而聖人修之。背宋人是背古先聖王也，背古先聖王是背天地也。「違曰背德，害仁曰賊」。禮者，仁之腔子。違禮即是自喪其本心，則人之所以異於禽獸者幾乎熄矣，是舉世盡以晉人猖狂爲師也。噫！

分別義利是聖門緊要關頭。學者都模糊過去，所以遠不逮古人。

唐虞君臣、成周父子、孔門師弟，皆千古人倫之至。

人之情不能無偏，須有義以制之，乃能中節。子夏哭子喪明，不能制情之過也。故曰情勝而熾，性則蕩矣。必約之，使復其性，則無過矣。

「君子曰終，小人曰死」。「終」則行成德立、有始有卒，不至虛生天地之間。若小人，則與草木禽獸同斃而已矣。學者果能無愧於「君子曰終」之語，方不負此生。

學者欲窮理，不得不讀書。然有必不可不讀之書，有可以不讀之書，自有天地以來汗牛充棟矣。必欲盡天下之書而讀之，雖仲尼不能也。

禹、益、稷、契未嘗讀三代之書，顏、曾、思、孟未嘗讀漢、唐、宋、明之書。今欲格物窮理，須求切於「明德」、「新民」者，反覆詳究之。其無益於是二者，無爲徒敝精神也。

先天之易，對待之易也。後天之易，流行之易也。來矣鮮先生謂：「有對待，其氣必流行而不已；有流行，其象數必對待而不移。安得分先天後天？」愚按：體用一源，對待與流行者原非截然兩事，但必先對待而後流行，亦不得謂其全無次序先後也。故先儒論金、木、水、火、土，曰：水、木，陽也。火、金，陰也。又曰：木、火，陽也。水、金，陰也。以其生之序言之，則曰：水、火、木、金、土；以其行之序言之，則曰：木、火、土、金、水。究竟生者即是行者，行者即是生者；論其先後之序，不得不先生而後行也。來先生與宋儒所見本是一理，不必是此而非彼也。

人生百年瞬息，俗事不得不應，俗人不得不接，但精力有限。羲皇以來之心法並未得貫徹於一心，而髮已白而齒已動搖，尙與碌碌者輩討生活耶！古人杜門謝客，不爲無見。

夫子「無意」、「無必」、「無固」、「無我」是何景象！學者能會得此意，便有無窮受用處。

富貴貧賤，聖人處之毫不加損，其心並不見有境遇在這裏。今欲一蹴至「若將終身」、「若固有之」境界，大是難事，須從「不處」、「不去」著猛力做去，方有進步。

爲家長者，一家大小穿衣喫飯之事亦不得全無料理，但要行其所無事，若一著意便自喪志。

孟敬子與季昭子論居君喪食粥之禮，曰：「勉而爲瘠則吾能，毋乃使人疑夫不以情居瘠者哉！」今世之士極詆假君子而甘心爲眞小人，而不恤正是一樣見解。

問：「氣壹則動志」，如何？曰：耳目口鼻四肢百骸皆氣也，皆聽命於心者也，而每足以動心。如今作官者，凡府史胥徒輩莫不聽官長驅使，而有時官長反被若輩揶揄。今且靜坐澄心在這裏，忽然目中著一美色，心爲目動矣；耳中著一淫聲，心爲耳動矣，推之一身之物皆然。須是內外交養、兩路把截，方得不差。

孔子於顏子之歿，曰「回也視予猶父」；於子路之死，則命輟醢。而諸子於其歿也，相哭至於失聲，三年而後歸，子貢居場又三年。如此者雖虞廷之揖讓、文武之仁孝，豈能復有所加哉？今世師弟有成仇者，有視之如路人者，對此當愧死矣。

「孔子與門人立，拱而尚右，二三子亦皆尚右。」孔子曰：「我則有姊之喪故也。」聖人於姊之喪，一拱而必尊禮若此，況於三年之喪乎？今人居親之喪，與燕朋游，戲笑跛踦無所不至。讀此當猛醒也。

人欲之私不可以從己，天理之公不可以從人。聖人無我，又須要留得眞我在。

最苦中和氣象難學，著意從平易近人處做，不覺失之柔軟、廉隅都喪。善乎！朱子之言曰：「聖人德盛禮恭而不願乎外。」學者於「不願乎外」之意切不可放過。

老莊之流以不分別黑白是非爲高，吾儒正須要分別得黑白是非出，治己治人皆用此道。

程子云：「天下善惡皆天理。」朱子釋之謂：「惻隱剛斷是善，於不當惻隱剛斷處惻隱剛斷是惡。」蓋其所行有是非則分善惡。從源頭上論，則善惡皆從天理流出也。

「命」字有二義：「立命」，義理之命也；「知命」，氣數之命也。聖人樂天，故不言命，安乎義理之命者也。賢人守正，故必先知命，順受氣數之命，乃能不違乎義理也。庸人不知此二者，憧憧朋從往來，死而後已。

余自幼視族人甚重，雖十餘世之族屬皆親愛之。每對族人言：始祖如樹根，自一世至無窮如千枝萬葉，通身看來只是一個根蒂。後讀老泉族譜引其「初一人之身」句，如合符節；但老泉云「幸其未至於塗人也，使其無至於忽忘焉可也」，似專責五服以內之人。予意雖勢已至於塗人，終不宜以塗人視之。有周八百年，同姓之親與異姓之臣自然不同。然周公同母弟兄，有「三叔」之變，此蘇氏所以急急於五服之親也。若由極親以至極疏而皆無憾焉，乃得爲善耳。

七情之出於心也，皆足爲心害。不惟其不正者，即發於不得不然而或過焉，或滯於心而不化，亦皆足以累其虛明之體。善乎！孟子之言曰「禹之行水也，行其所無事也」，行其所無事而已不與焉，則所過者化矣。此之謂善養其心。

問：程子云「道亦器，器亦道」，何也？曰：形上形下固不得不分，然看到融貫處，是一是二，是二是一。

「太極生兩儀，兩儀生四象」，從源頭上看來，器悉道之所爲也。故大莫載，小莫破，鳶魚飛躍皆是上下察。

林氏謂：「『三樂』可以自致者，惟不愧不怍。」愚按：「三樂」非不愧不怍，則在天在人者亦必不會享受。

問橫渠「寬快公平以求之」說。曰：「寬快」則無欲速助長之病，「公平」則無自作主張、不能虛心觀理之失。

問：程子云「中也者，天下之大本。停停當當，直上直下」，何也？曰：「中」原是天命自然，不假一毫人爲做作，故云「停停當當，直上直下」，從此便可做到聖人地位。「敬而無失」句，乃程子喫緊爲人指出工夫來。

「三代以下惟恐不好名」，非純儒之論也。名心一毫不斷盡，必不能入至誠無息境界。聖賢全身工夫惟慎獨最急，不慎獨便不足以事天。

伊川先生云：「自古聖賢未聞因學而致心疾者。」按：古之聖賢弗忘弗助，優游厭飫其中，自無得疾之理。今人率以躁急貪多之心求之，久之致心氣虛耗，疾亦有之。

問：性兼仁義禮智信，孔子專言仁，何也？曰：分言之，則五性之德本於天之五行。專言之，則仁者心之德，義禮智信皆此心之德也。孔子論仁，有以心之德言者，則全體之仁義禮智均在其中；有以愛之理言者，則但以其生生之理言之。蓋仁能兼統四者，正如乾之元可以該亨利貞；又如西安府太守，分言之與延、鳳等府品秩無異，而各府諸事西安府皆可總理，則仁包義禮智信之說也。故魯論一部多專言仁。曰：孔子專言「仁」，孟子兼言「仁義」，何也？曰：「立天之道，曰陰與陽；立地之道，曰柔與剛；立人之道，曰仁與義」，二者原不相離。

孔子專言仁，猶陽剛之可以包陰柔也；孟子則分別言之，其理原是一時並到的。曰：仁必須義乎？曰：然。仁主於愛，自愛而發之，便有多少病痛在，爲柔軟，爲貪戀甘食悅色、嗜利等，莫非仁中之過惡，非有剛斷之德以制之，將諸病俱生矣。故孟子添出「義」字來，煞有深意。

「鬼神」有二義：以屈伸言之，則曰天地之功用、二氣之良能，就陰陽之氣而指其靈妙者言之也。以其陟降左右而不可測度者言之，則曰「昊天曰明，及爾出王；昊天曰旦，及爾游衍」，自天地日月山川五祀，以至帝王聖賢之載在祀典者皆是也。然能屈伸萬物之鬼神，即監觀萬物之鬼神，上下神祇，實無二物，則人鬼之靈，亦不過分二氣之靈以爲靈，豈有異哉？非知道之君子，其孰能與於斯？

程子云：「鬼神要有便有，要無便無。」愚意不盡然。鬼神自有，不因子孫之誠而始有。「其氣發揚於上，爲昭明、焄蒿、悽愴」，則鬼神之必有，無疑也。但必誠敬之至，始能感得來假來享耳。

庸夫俗士，其生也正氣無幾，死而有知，其神必不永。聖人「清明在躬，志氣如神」，生時已與天地無異，其歿也必與天地並存不朽，不止德業文章昭昭在人耳目也。或曰：如此則與「物而不化」何別？曰：周公不云乎「文王在上，於昭於天」，學者須從此做題目入思議。

自幼最厭二氏虛寂之學，見專言心者輒闢之爲異端，每在發用處辨別道理。近覺萬事萬物之理總在一心，心清明則一切畢照，心昏憒則一切皆差。孟子曰「存其心」，中庸曰「中也者，天下之大本」。吾儒瞬息存養，正當保此以事天，此吾身之太極也。所謂「吾道一以貫之」者，舍此再無別法。詞章記誦家全不解這個妙處，便將一顆寶珠讓於二氏也。

古詩之作，所以閑邪僻而養中正也。漢、魏以降，工於聲調趨於纖穠，其可以感發善心而懲創逸志者絕少。至樂府之作，徒以供梨園子弟之演習，人君聞之適足以蕩心志而佚耳目，而古詩之教亡矣。惟杜少陵之詩，寫其忠君愛國之誠，猶有三百篇遺意焉。

朱子云：「讀書上有七分志，科舉上有三分，猶自可；若科舉七分，讀書三分，將來必被他勝卻。」愚觀今之學者讀書，全幅精神皆從科舉起見。科舉用不著便束而不讀，即有涉獵稍廣，又只爲作古文做詩料子。嗚呼，眞以讀書窮理爲事者，吾見亦罕矣！又安論其七分與三分耶？朱子云：「孔子生於今日也不免科舉。」愚意孔子「出疆載質」，科舉即今日之質也。乃學者便以此爲終身極頭事，不知科舉之外更有本然正務在。

先儒皆以靜爲見天地之心，伊川獨以動之端爲天地之心。蓋謂天地生物之心於一陽來復乃可見耳。愚按：動靜皆天地之心，天人一也。天之靜即喜怒哀樂未發之中，天之動即喜怒哀樂已發之和。

余友中峰景子謂「新民先新妻」，此篤論也。家之中易惑而易溺者莫妻爲甚，能新其妻則物無不格、意無不誠，而心無不正矣。以此宜兄弟順父母，而及於家國天下，易易耳！齊家治國章首引桃夭之詩，子思子推演曾子之意曰「造端乎夫婦」，皆此義也。

「在物爲理」，以天理之自然言；「處物爲義」，以人心之權度言。「動靜無端，陰陽無始」，所謂「一動一靜，互爲其根」也；無動無靜而莫不敬焉，久之則與天爲一。

問：「敬」之一字，有以「主一無適」言者，有以「常惺惺」言者，有以「整齊嚴肅」言者。朱子兼用之，而又云：「敬」之一字，「畏爲近之」。諸說若是，其不同何也？曰：其說各別，而理則一。心「常惺惺」，敬之存於內者也；「整齊嚴肅」，敬之見於外者也；「主一無適」，包括內外兼統動靜，而自初學以至於聖人，均有所不能外也。至朱子云「畏爲近之」，則喫緊就易曉處以示人。堯之「欽」、禹之「祗」、文王之「小心」、大學「愼獨」之「愼」、中庸之「戒愼恐懼」，皆是「畏」字意，皆「敬」之註脚也。但「畏」字比「敬」字下得稍重些，故曰：近之學者善會其旨而須臾不離焉，則衆說皆不出此，而以之致知格物正心誠意齊治均平，其功實無更切於是者，此作聖之本也。

老氏家無「敬」字不能仙，釋氏家無「敬」字不能佛，吾儒無「敬」字不能聖。

問「主一」之說。曰：喜怒哀樂未發時，此心烱烱在此，並無一物夾雜，靜時之主一也；至應事接物時，應此一事只在此一事，並無別事夾雜，動時之主一也。自戒懼而約之以至無少偏倚，自謹獨而精之以至無少差謬，皆是「主一無適」四字貫注。

勉齋黃氏謂「『敬』只是束得虛靈知覺住」，極得「主一無適」之意。蓋心之神妙不測，出入存亡莫知其所向，惟能敬則時時保守在此，使常爲一身之主，而百體每從令焉，則無適而非天理之流行矣，故必戰戰兢兢以持之，不敢一毫放鬆也。

「敬」之一字，千聖心法，漢唐諸儒少人理會，惟程朱反覆發明昭示來茲，有功於天下萬世不淺。近世學者非不習聞其說，乃深者流入禪寂，淺者祗爲做時文了事，得程朱之本旨服膺弗失者吾未之見焉，深可慨也！

問：南軒論「敬」字謂「天地之心其在此與」，如何？曰：只是言天理常常流貫。

問：程子云「執事須用敬」，又云「不可矜持太過」，何也？曰：「愼而無禮則葸」，矜持太過未免畏首畏尾，內焉則心不舒泰，外焉則應務多失。程子不又曰「優游涵泳而養之乎」，可以喻其旨矣。

大學格致誠正皆所以明德也。朱子云：「下文許多節目，皆是靠明德做去。」道理看得洞徹，橫說豎說，倒說正說，無所不可。

朱子語錄云：「致知是夢覺關，誠意是人鬼關。」又云：「致知是聖凡之關。物未格知未致，縱如何做也只是凡人。須是物格知致，方能循循不已而進於聖賢之域。」按：聖凡關又似與人鬼關混。蓋知行分看則各是兩行工夫，故有夢覺關、人鬼關之別。合看則知之至便行之盡，如知鳥喙之不可食，必無食之之理；知惡眞如惡臭，世間必無人肯蒙不潔者。此知行合一之說也，故又以爲聖凡之關。

與後生言最要簡當，雖婆心無已，然苟承受不起，非增惑則生厭矣。戒之！

歲月如電逝，有一刻閒便當圖著述事，以爲不死計。多接一人，多管一事，適所以自貽伊戚耳！

易乾六爻皆以龍言，潛亦龍也。只恐當不得一「龍」字，便負天地父母生我之意。閱人多矣，未有不喜見與飛而惡潛者，亦未見有處潛之時而猶汲汲焉，求不愧於所以爲龍之實者。欲爲宇宙完人，正須猛醒。

程子以爲文爲玩物喪志，謂：「專意爲文，則志局於此，安能與天地同其大也。」按：「爲文」亦「養心」之一事。夫子曰「游於藝」，若志存乎道，而借詩文以寫其胸中之所得，則興酣落筆未必非陶泳性情之一助。程子之意，蓋爲溺於文而不知理性情者言之耳。

問「西銘是原道之宗祖」，如何？曰：原道只說得下截道理，西銘則直從原頭說來，與子思中庸一篇互相發明，故非退之所能彷彿也。

朱子答蔡季通書「一劍兩斷」之說，謂：「當常存祗畏警懼之心，以防其源。」夫「一劍兩斷」，臨幾制勝工夫也；「常存祗畏」，平時涵養工夫也。兩路把截，眞是無毫髮滲漏。

許魯齋云「儒者治生最急」，即孟子先養而後教之意。然一有所偏心，便走入利祿上去。顏子簞瓢陋巷不改其樂，曾子「日不舉火，歌聲若出金石」，又須常存此意，則雖不廢治生之事而終不爲其所累也。

「餓死事極小，失節事極大」二語，極得孟子舍生取義之意。學者知此，方立得脚跟定。

西山眞氏謂：「『風雷，益。君子以見善則遷，有過則改』，天下之至迅疾者，莫如風雷，故聖人以此爲遷善改過之象。」按：此即告顏子乾道之說也。顏子雖不易學，然改過去私正須要著死力勇猛向前，方不至墮入陷阱去。

圭角太露亦是學者大病，須如渾金璞玉方好。

庸人利一身，賢者利天下，聖人利萬世。

道濟天下之心，聖賢未嘗一日忘之。然而氣數已定，莫可如何，惟修身明道之功可以卷舒由己。故此志一立，雖天地萬物不能奪也。

儒者惻隱之心，視萬物如赤子。儒者卓犖之志，視萬物如蟣蝨。

朱子云：「君子利害得失，既無所入於其心，而其學又足以應事物之變。」按：今之學者多被利害得失壓倒，天資恬靜者又苦無眞見識，遇叢雜便忙亂無措，故朱子二義不可缺一。

已上自康熙乙酉至康熙辛卯（註二）。

校記

一　「童」，原作「重」，據禮記正義卷十檀弓下援引鄭玄注「重，皆當爲『童』」改。

二　「已上自康熙乙酉至康熙辛卯」，原闕，據屈氏刻後增修本補。

卷四

東萊呂氏云：「父兄無識見，至有以得一第便爲成材者。」按：登第乃事君治民之由，固父兄所欲，但此後有多少事業，若欺君虐民，得罪名教，其爲不材甚矣。舉世憒憒，先生之言眞午夜鐘聲也。

伊川先生曰：「人之爲學，避其所難而姑爲其易者，斯自棄也。學者必志於大道，以聖人爲期。」今見有以聖人爲期者，必以怪物目之，道學嗤之矣。嗚呼，學術焉得不卑，世道焉得不壞也！

程子云：「人之爲學，當以大人爲標準，然上面更有化爾。人當學顏子之學。」此見先生進德幾與顏子無異。「欲從末由」地位直是峻絕，古今來少人到此境界。

問：程子云「學不貴博，貴於正而已」，不與夫子之教有異乎？曰：非也。程子之言，蓋爲擇焉不精者言之也。讀盡羲皇以來之書而不明聖賢之精義，便如不曾見書一般，故曰「正則博」。

朱子云：「愈細密，愈廣大；愈謹確，愈高明。」極得大小相資之意。

近世之所謂博學者，非記誦則詞章而已，聖人格物致知之學無有也，故道學不明於天下。朱子教人爲學，先以居敬爲本，窮理次之，反躬實踐次之，其實皆從中庸體會而出。中庸第一節便云戒愼恐懼，居敬也；次言知，而博學、審問、愼思、明辨則窮理之事也；次言仁，而篤行則反躬實踐之事也。奈何陸王之學反詆朱子爲顯背中庸乎？

程子云：「既發則可謂之情，不可謂之心。」按：「既發」非心而何？不如張子「心統性情」之精。

程子云：「性出於天，才出於氣。氣清則才清，氣濁則才濁。」按：「性出於天」，專以理言。氣與天對言之，所謂「論性不論氣，不備」也。究之，氣亦天所授也。

理與氣大分不得先後。朱子「氣以成形，而理亦賦焉」，可謂至精至當之論。

橫渠「氣坱然太虛，升降飛揚，未嘗止息」專以氣言，周子「無極而太極」專以理言。「動而生陽」四句，方是張子之意。「浮而上者陽之清，降而下者陰之濁」即「分陰分陽」二句之義也。周、張二子俱從未有天地之先說起，周子尤占先一著。

正蒙「游氣紛擾，合而成質，生人物之萬殊」，就陰陽交會處言之。「陰陽兩端，循環不已，立天地之大義」，就混混沌沌、一翕一闢處言之。上三句是各正性命之意，以用言；下三句是「乾道變化」之意，以體言。

就天地之道言之，則曰陰陽；就陰陽之靈妙處言之，則曰鬼神。鬼神，一陰陽也。陰陽，一太極也。故曰：誠之不可掩。

程子以鬼神爲天地之功用，張子以爲二氣之良能，至朱子則就二氣一氣分合言之，其義愈無分毫滲漏。

問：程子云「古之仕者爲人，今之仕者爲己」，與孔子論古今之學者不同，何也？曰：以學言，則爲實爲名不等；以仕言，則趨義趨利各異。故立說不同若此。

三代以後，惟孔明得出處之正，故事業可與日月爭光。後世學者急於仕進，自委質之初早已爲人主所輕，如何能佐其君爲三代之君，治其民爲三代之民？

聖人救世苦心與難進易退之義，兩者並行不背。

或以「爲貧而仕」之說勉程子。程子曰：「至於飢餓不能出門戶，又徐爲之謀耳。」此可見先生浮雲富貴之意。學者仕宦念頭不絕，託於「爲貧而仕」以自文者，眞程子之罪人也。

程子云：「知幾者君子之所獨，非小人之所及也。」按：小人惟無君子先見之明，故其心貪嗜利祿割捨不下，戮辱終必逮夫身。

遯世不見知而不悔，不惟無榮利心，並名根亦斷盡。孔子曰「知我其天」，默默此心，惟有上天之載時相流通耳。

問：程子謂「釋氏之學，『敬以直內』則有之，『義以方外』則無也。」如釋氏者，果足當「敬以直內」之說乎？曰：未也。程子之言，亦是大概如此說。若細按之，吾儒之學知行並進、動靜交養，雖未與物接之時，其鑑空衡平之體決與釋氏不同。釋氏縱如何談寂靜，然黑的寂靜終不是白的寂靜也。

朱子云：「道理既知縫罅，但當窮而又窮，不可安於小成而遽止。」今之學者安於小成者常多，其病源總是立志不廣大，精力易墮敗耳。故曾子曰：「士不可以不弘毅。」

問：朱子「理會得主宰，然後去格物窮理」是如何？曰：心者，一身之神明而萬事之主宰也。程子曰：「涵養須用敬，進學則在致知。」先說一個「敬」字，正是「理會得主宰」之意。

務內省者，以博觀爲泛濫；務博觀者，以內省爲狹隘。居敬窮理，兩者互進，便無此失。

程子云「中庸只『無聲無臭』四字總括其理」，甚精微。學者須做題目入思議始得。

讀書所以窮理。横渠云「書以維持此心，一時放下，則一時德性有懈」，與博學而篤志章同意。

讀得一尺，不如行得一寸。今之學者率以不能博覽廣搜爲己恥，不知只賢賢易色、君子不重二章，便是終身行之不盡的。捫心自問果能行得幾分，而僅以學之不博爲己恥耶！

問：朱子云「看文字須如猛將用兵，直是鏖戰一陣；如酷吏斷獄，直是推勘到底」，又云「當如大艤高艑，順風張帆，一日千里」，其說不同，何也？曰：初學須是深思苦入，久久道理熟後，心領神會，自有一瀉千里之妙，故爲說難易不同若此也。

朱子解經高出諸家處，只是虛心觀理，不肯自作主張，故能得聖賢之本意。諸家多以己見硬作主張，故爲說雖不礙理，終與本旨不合。

每見舉業家於經書未嘗不體貼朱註，熟讀成誦。究之捕風捉影，一磕著便粉碎。緣其看白文本註時，只爲做八股起見，全不爲自己身心性命、成己成物計，並不將古人言語在自己日用上體貼。故有中甲榜入翰院，而叩之一部四書，茫無眞見者，何其衆也。

每見人說作事要看史，固是。然須問其看之之法是如何。若不觀古人治亂得失之幾、帝王將相經綸天下之本領、士君子去就出處之是非，而徒以記誦爲事，雖二十一史一字不遺，不敢謂其能應天下事也。

問：朱子云「人固有終身爲善而自欺者」，如何？曰：只是爲己爲人之別，徇外務名，便是自欺也。

「主敬者存心之要，致知者進學之功」，守此二者終身不變，不患不到聖賢地位也。

爲學之要，先須分別「義」、「利」兩字，然後能持守得定。

問：朱子云「約禮，只『敬』之一字已自多了」是如何？曰：一個「敬」字中千變萬化，無所不有，所謂「放之則彌六合，卷之則退藏於密」也。

聖人純一不已，與天地無間。學者欲學聖人，須時時保守一「敬」字。如鷄抱卵，不敢教他放冷了，方能由「日月至焉」漸至於「三月不違」，漸至於聖人地位也。

朱子云「今且須端莊存養，獨觀昭曠之原」，從延平「靜中觀喜怒哀樂未發氣象」出來。

今人惡入禪寂一路，全不講究此，便廢卻中庸「致中」一截工夫，如何學得聖人成？

問：朱子云「爲學之道，如耕種一般，必須辦一片地在這邊了，方可在上耕種。如作商，必須安排許多財本，方可運動」，不知地與財本是何物？曰：是主人翁須是養得光明洞達，方可讀天下之書，應天下之事也。

問：朱子謂「象山只是弄精神」，又云「收拾得自家精神在此，方看得道理盡」，何也？曰：養得精神足，方好去看道理，非便以精神爲道理也。朱陸不同正在於此。

吾儒主敬，要養得明鑑在此，萬理畢照。釋氏坐禪入定，屏絕思慮，並要卻照求明，此其所以大相徑庭也。或曰：有鏡則自能照。釋氏果養得明體足，焉有不能照之理？曰：吾儒一照萬理皆會，釋氏一照萬理皆錯，其病總是不格物窮理，空空守一「心」字，故體用皆不足也。

程子云：「有主則虛，虛謂邪不能入。」愚見有主則實，實謂理不能遺。

爲仁莫要於持敬。夫子告顏子以「四勿」也是敬，告仲弓以「二如」也是敬。告司馬牛以「訒言」，告樊遲以「居處恭、執事敬」，推之「三畏」、「九思」之類，皆不外一「敬」字。蓋仁者，此心之理也。聖賢千言萬語，皆欲人收放心以求仁，而收放心舍敬再無別法。程朱反覆發明一「敬」字，眞得聖門之鎖鑰也。

問：朱子云「進學致知，不可不寬。操存涵養，不可不緊」，何也？曰：「操存涵養」，不可一刻放過，故曰「緊」。至於「進學致知」，道理無窮，不可欲速助長，須是漸漸講求，漸漸思索，日異而月不同，故曰「寬」。

問：顏子天資最高，程子云「學顏子爲有準的」，何也？曰：顏子工夫只是博文約禮。至於「三月不違仁」、「不改其樂」境界，更無別法，惟守此二事做成。今人欲學孔子，從顏子之學做去，豈不能升堂入室而進於聖人乎？故曰：「學顏子爲有準的。」

五峰胡氏云「先道而後言」、「先義而後行」，道義從何處得來？須是格物窮理。

問：程子云「知之而未能行，是知之未至也」。每見有人讀書萬卷，而制行污下無所不至者，豈盡不知之罪哉？曰：讀書萬卷，恐只是尋行數墨，未必果於道有眞見也。知得至，決不肯錯做。知得是溝決不肯去跳溝，教讀書人作穿踰之盜想也決不做，是知之至也。他事每如此，豈肯爲之？但知要到至處，煞非易事，須知行二者並進不已。到知至處，意誠心正工夫已做十之八九了。不是截然畫做兩截，於行略不加意，只是多讀幾卷書，便到知至地位也。

朱子論知行，謂知如目、行如足，「目無足不行，足無目不見」。看來知行二者須臾不能相離。知之明，則行之力；行之力，則知之愈明。故曰：居敬窮理二事互相發明。

問：昔人有云「先知後行」者，有云「行然後知」者，二說孰是？曰：二者皆不可少。不知長安在那一方決不能到長安，此「先知後行」之說也；然不到長安，終是懸想臆斷，必身至其境方能親切，此「行然後知」之說也。

問：「前知」之說，程子云「其理須是用則知，不用則不知」，何也？曰：此與中庸「前知」不同。「至誠」之「前知」，自然而知。「用則知」，便有許多術數在。又云：「用便近二」，何也？曰：聖人心一於理，故曰「用便近二」。

禮運曰：「禮必本於天，殽於地，列於鬼神，達於喪祭、射御、冠昏、朝聘。」又曰：「聖人作則，必以天地爲本，以陰陽爲端，鬼神以爲徒，五行以爲質。」直從天命源頭上說起，見天道人事合而爲一，即樂記「天高地下，萬物散殊，而禮制行」之意。禮運又曰「禮必本於太一，分而爲天地，轉而爲陰陽，變而爲四時，列而爲鬼神，其降曰命」，即「易有太極，是生兩儀」道理。以其理之至大而無以復加言，則曰太極；以其理之無聲無臭而言，則曰無極，橫渠謂之太虛。以其理之不貳不雜而言，則曰太一。乃萬物萬事之所自生，禮之源也。不惟三千三百出乎其中，即天地陰陽五行一以貫之。千聖秘妙，總不外是。

問：「人者，天地之心、五行之端也」，如何？曰：子程子云：「天人一也，更不分別。」人不惟食味、別聲、被色，百骸、九竅、五臟，一個五行鑄成其最精者。人心仁義禮智之德，即天地二五之德也，瞬息呼吸與天地通。非天地之心、五行之端而何？故曰：「天視自我民視，天聽自我民聽。」

禮運、樂記說道體處幾與中庸無異，其中未免有疵病粗疏，語不如中庸之精粹。學記亦有極好處，不如大學規模之大、條理之密。故程子止提出學、庸二篇教天下萬世。

聖人之德，無加於孝。文王日朝於王季三，其有不安節則色憂，行不能正履。王季再飯，乃復初。武王帥而行之，文王有疾，不說，冠帶而養。文王一飯，亦一飯；文王再飯，亦再飯。此成周父子以孝爲家學淵源也，八百年之業實基於此，故曰「善繼人之志，善述人之事」也。

記：「春夏學干戈，秋冬學羽籥。春誦，夏弦，秋學禮，冬讀書。」雖各有取義，然亦不可太泥，禮樂隨地隨時可學，不必板分四時也。

問：內外一源，而記曰「樂所以修內，禮所以修外」，何也？曰：禮樂分言之，禮有禮之內外，樂有樂之內外。禮樂對舉，則樂以蕩滌其邪僻之心，消融其亢厲之氣，故曰「修內」。禮以飭其儀容，束其筋骸，故曰「修外」。然內未嘗不達於外，外未嘗不養乎內，故繼之曰「禮樂交錯於中」，其實非兩物也。又曰「恭敬而溫文」，並不辨禮樂之迹矣。

漢高祖以大牢祀孔子，唐宋以下遂以孔子爲學宮之祖。文王世子篇曰「始立學者，必釋奠於先聖先師」，又曰「凡春官釋奠於先師，秋冬亦如之」，可見學宮祀有德者以爲師，自古已然，至唐宋以下其義始定。

夫子曰：「斷一樹，殺一獸，不以其時，非孝也。」孟子曰：「堯舜之道，孝弟而已矣。」至於「黎民於變」、「鳥獸草木魚鱉咸若」，方完得孝之分量。孝之義大矣哉！

孝分三等：「小孝用力，中孝用勞，大孝不匱。」小孝，庶人之事也。中孝，賢人之事也。大孝，聖人之事也。然大孝博施備物，「德教加於百姓，刑於四海」，而四海各以其職來供，玉食萬方，極尊親養親之至，非聖人不能，乃德位之兼隆者。至學者之所可爲，則「中孝用勞」而已矣，尊仁安義，立身行道，隨其所處之大小，以為成功之廣隘，庶不至於虧體而辱親矣。

「天子有善，讓德於天。諸侯有善，歸諸天子。卿大夫有善，薦於諸侯。士庶人有善，本諸父母，存諸長老」，皆不敢萌自賢之心、有我之意。此虞廷君臣所以交相推美，而成於變熙雍之盛治也。學者時存此念，則和順積中，英華發外，天地變化而草木蕃矣。

祭統云：「心不苟慮，必依於道。手足不苟動，必依於禮。」夫不苟慮不苟動，亦何時不宜？然惟於齊更加慎耳，所以致其精明之德也。學者時時思致其精明之德，則天理常存矣。

聖人於榮辱得喪之來毫不加損，眞如一點浮雲過太虛耳，此其所以超然萬物之外也。後世學者只此關捷不過，非冀望則繫戀，非愁悶則猖狂，求其「無入而不自得」也難矣。

顏子歎聖人高堅前後，不可幾及。看來聖人不可學處，莫如無意無必無固無我。

先王於廟中尸謖之後，君與卿四人餕，而次及大夫六人，次及士八人，次及百官。惠普而有序，故興施惠之象而別貴賤之等，則君臣上下各得其分，而人無不知尊長之義、生忠敬之思。此先王端本之教，即一事而其餘可例推也，故曰「廟中者，竟內之象也」。

聖人之所以仁天下者，莫急於禮。朝覲之禮行，則君臣無陵替之患。聘問之禮行，則諸侯無侵奪之患。喪祭之禮行，則臣子無背死忘生之患。昏姻之禮行，則夫婦無淫邪反目之患。鄉飲酒之禮行，則閭閻無爭鬭之患。故刑禁已然之後，禮防未然之前。愚嘗謂契教人倫，其生天下之功不在禹治水下，而二帝、三王之治非漢以下所可及，正在於此也。

祭義曰：「祀乎明堂，所以教諸侯之孝也。食三老五更於大學，所以教諸侯之弟也。祀先賢於西學，所以教諸侯之德也。耕籍，所以教諸侯之養也。朝覲，所以教諸侯之臣也。」聖人躬行以率天下，非僅諸侯而已。諸侯，布王化者也，言諸侯四海可知矣。故曰「德教加於百姓，刑於四海」，此本治也。

自秦制禮，抑臣尊君太過，後遂相沿成俗。古者天子「食三老五更於大學，袒而割牲，執醬而饋，執爵而酳」，自後世人君視之，豈不輕萬乘之體哉？惟此禮必不能行，則師道不立、君德日偷，此唐、虞、三代之治所以不可復睹也。

天子巡狩，先見百年者。八十九十者欲言政者，君就之。「天子設四學，當入學而太子齒」，其敬老尊賢，教其子以長長之禮，並不自知爲天子矣，此是何等氣象！

天子躬耕籍田，元后繅三盆手，固是盡其誠敬，以奉天地祖廟之祀，亦是以農桑之業爲天下先之意。后妃夫人親爲絺綌，服之無斁，澣濯其衣，歸寧父母，以勤儉爲天下倡，周德之所以盛與所以王也。後世富家大賈，其妻妾已不復知有蠶織之事，況自天子以下有土之君乎？此風俗之所以日即於淫侈，而修齊之化無聞也。

問：「大樂與天地同和，大禮與天地同節」，兼天地言之。又曰「樂由天作，禮以地制」，又分屬天地，何也？曰：此亦如釋鬼神之說。謂鬼神爲天地之功用、造化之迹，兼陰陽而言也；謂鬼者陰之靈，神者陽之靈，分陰陽而言也。大抵樂有發散之意，禮有收斂之意；樂主氣而屬陽，禮主質而屬陰。故兼天地言禮樂，則天地之發舒者，陽也，而樂亦發舒，所謂仁近於樂也；天地之斂藏者，陰也，而禮亦斂藏，所謂義近於禮也。故曰：「與天地同和，與天地同節。」分天地言禮樂，則樂者陽之動而生物者也，禮者陰之靜而成物者也，故又曰：「樂由天作，禮以地制」，如「樂主盈，禮主減」、「樂者敦和，率神而從天」、「禮者別宜，居鬼而從地」、「作樂以應天，制禮以配地」等語，莫非分言之也。究之，陰陽非判然兩物，禮樂亦非截然二事。禮主於序，序中有和；樂主於和，和中有序。二者迭相爲用而不相離。如天地陰陽之交錯，而成化育也。非知道之君子，其孰能與於斯？

仁義禮智，分配春夏秋冬。以生之序言，則水木陽也，火金陰也。智仁是陽，禮義是陰。以行之序言，則木火陽也，金水陰也。仁禮是陽，義智是陰。仁主生物是陽，而仁柔處卻是陰；義主成物是陰，而剛果處卻是陽。樂記將樂與仁一例看屬陽，將禮與義一例看屬陰，又別是一樣見解。

樂記云：「禮者所以綴淫也。」蓋死喪之事不節之以禮，則有毀而滅性之患；吉慶之事不節之以禮，則有流蕩忘反之失。故先王之制禮，立爲中制而不過，以範天下之哀樂，將見情之所發悉合於性命之正矣。

朱子曰「敬而將之以玉帛，則爲禮；和而發之以鍾鼓，則爲樂」，就人事言也。樂記曰

「天高地下，萬物散殊，而禮制行矣。流而不息，合同而化，而樂興焉」，就天地之道以明禮樂之原也。須將天命人心會得體用一原之妙，方爲達於禮樂之情。

「人生而靜，天之性也。感物而動，性之欲也。」一有血氣心知之性，則其喜怒哀樂之情蕩而益熾，失其正者常多。先王本之情性，稽之度數，制之禮義，其所以被諸聲歌、形諸綴兆者莫不備，以和天地之氣，平萬物之情，使之陽而不散、陰而不密、剛而不怒、柔而不懾。學者優游饜飫於其中，則淫僻必消、暴戾不形，而君臣父子夫婦長幼朋友之間，皆粹然順乎天理之宜矣，故曰「成於樂」。

「敬者，德之聚也。」君子姦聲亂色不留聰明，淫樂慝禮不接心術，惰慢邪辟之氣不設於身體，則此心肅然靜一，如對神明，如臨上帝，耳目口鼻四肢莫不受命於天君而爲之役。作聖之本，其孰加於是？

問：樂記言樂，兼禮樂說，到底何也？曰：禮樂如陰陽動靜，是一步不相離底。禮勝則離，樂勝則流；樂無禮不立，禮無樂不行。記兩兩並列，不可易也。

記「德者，性之端」，「和順積中」是也；「樂者，德之華」，「英華發外」是也，專以樂言。朱子釋「有德者必有言」、「充實而有光輝之謂大」，借以明人心之德，非經本義也。

君子樂得其道，則無時不樂；小人樂得其欲，則無時不憂。

樂，窮本而知變；禮，著誠而去僞。「偩天地之情，達神明之德，降興上下之神，領父子君臣之節」，故聖人舉禮樂於上而天地訢和，陰陽相得，覆育萬物。凡草木、羽翼、角觡、蟄蟲、胎生卵生之類，莫不遂其生成長養之性，而無復殰殈夭札之患，禮樂之用固如是其大也。自秦廢先王禮樂，漢用叔孫通所議，三代之制十亡七八，後雖有賢君英辟，不得復聞先王之舊。而其輔佐之臣，又無一身備禮樂之體用如伊、周其人者，示人君以正心修身之道，而禮之序、樂之和者，茫然莫辨。宗廟朝廷淺陋苟簡，雖三年之喪變爲二十七日，二千餘年來如一日，況其餘乎！至其所以教民者，國自爲俗，家自爲禮。即溫公、文公所定之家禮，冠婚喪祭等禮，其書雖存，而自宋至今，尊而行之者十無一二。至所爲樂者，由漢歷唐以迄今（註二），亡者不能復存，廢者不能復修，天子宗廟之祭，不獲見當年一成九成之盛。燕享朝會，古音杳然，即老師宿儒所謂舞勺舞象者亦莫知其義。房中之樂，所謂琴瑟不離於側者，舉世不一見焉。而聲音之傳，僅伶官梨園子弟之屬與佛老兩家之所演習。自天子以至於庶人，其所聞之樂，皆鄭、衛之音、靡靡之調，適足以長其淫僻之私，而不足以著夫性命之正。嗚呼，禮樂又何日復興也！

養氣莫如寡言，養神莫如少思，養性莫如克欲，養德莫如擇交。

「甘受和，白受采」，禮無本不立，故忠信禮之本也。然三千三百，禮之節文度數詳矣，不一一考核精到，則應務舛錯必多。乃曰「吾得其意焉足矣」，此象山之學所以倚於一偏也。

天子、諸侯、卿大夫士分有尊卑，則凡喪、祭、冠、昏，衣服、宮室、輿馬、旗章各有等威，以辨名分。然記曰「禮之大倫，以地廣狹」，又曰「禮之厚薄，與年之上下」，是自天子以至中下士，地有廣狹，所入不同，則禮之隆殺遂異，而年有豐歉，又各有厚薄之差。此聖人之制，不惟有以肅天下之分，亦所以裕天下之財也。後世風俗大敝，上下無章，溺於一方之習，尙有因一葬而傾產者，有因娶一婦嫁一女而蕩業者，不相效尤，則人爭非笑之。一值荒歲，至不能保其父母妻子，皆不讀禮之過也。

禮或以多爲貴，以少爲貴；以大爲貴，以小爲貴；以高爲貴，以下爲貴；以文爲貴，以素爲貴，參差不齊。聖人非有所容心於其間，皆天理之自然也，故曰「義之與比」。

婦有七出。今世所能行者「淫」與「竊盜」二者耳，其餘則勢不行矣。若強爲之，則妻家仇怨訟獄，必無寧日。蓋古者夫婦之倫以義合者也，夫不說其妻則出，而妻亦有請去之時。曾子曰「出妻令其可嫁」，足見出者自出，娶者自娶。今世一被出，則人賤之，不復娶；且出妻之夫再醮甚難，如以「多言」、「無子」、「惡疾」故去其妻，則人爭非議之矣，尙安能許配乎？此時之不同也。

七出之條，不順父母一、妒一、多言一。今雖不能依古禮，亦須明於齊家之義，剛腸以帥其妻，方無愧於夫綱，不則乾德失矣。

子甚宜其妻，父母不說，出。非克己之君子不能。

聖人經世大業，未有不由於閨門之際者。父父子子、兄兄弟弟、夫夫婦婦，家政理而治平之事備矣。家之難教，莫過婦人妯娌不和而兄弟鬩牆之變。因之，內則曰：「冢婦祭祀、賓客，每事必請於姑，介婦請於冢婦。舅姑使冢婦，毋怠，不敢無禮於介婦。舅姑若使介婦，毋敢敵耦於冢婦，不敢並行，不敢並命，不敢並坐。」又曰：「凡婦，不命適私室，不敢退。子婦無私貨，無私畜，無私器。」凡爲夫者能如是以教其妻，則孝弟禮讓之風，充溢乎一門之內。成周之化，當不外是也。

讀書萬卷，不曾行得一二句，則紙上風水、口頭禪耳。顏子爲孔門第一人，只守得「非禮弗動」四句，便做到聖人地位。

內則言飲食酒殽之類甚詳，自天子至士庶各有等級。但其中所云「蜩范蚳蜉子」之類，古今異宜，簡帙亦不無舛誤，不可盡泥也。

問：禮運云「天生時而地生財，人其父生而師教之」，而必曰「君以正用之」、「君者立於無過之地」，何也？曰：人君一身兼天地父師之義，然欲因天之時，順地之利，盡父之慈，體師之教，必立身無過，方能用此四者。蓋有天德，然後可語王道。「清明在躬，志氣如神」，而後禮無不序，樂無不和，而百度舉焉。不然，則身心之間昏昧放逸，顛倒錯亂，其於天時則廢之而不恤，其於地利則棄之而弗顧，以至民不料生，家室離散，風俗頹敝，廉恥日喪，所謂父之慈、師之教者安在哉？故曰：「君以正用之。」

禮運以帝世爲大同之世，而以禹、湯、文、武、成王、周公爲君子小康，與邵康節分皇帝、王霸所見略同，皆雜於老氏之說，而非孔孟、程朱之旨也。

「禮者，先王承天之道，治人之情。失之者死，得之者生」，直從源頭上溯來，指出存亡關頭，自天子以至於庶人，未有不由禮而安，違禮而危者，令人悚然生畏。

陳氏註改「君者所明也，非明人者也」「明」字爲「則」字，較舊解文理甚順。夫人君皇建有極，萬民則之固然，但人君則人之心實無已時。舜好問好察，禹拜善言，武王訪疇箕子，人君不則人，必不能爲人所則。

目容必以端爲貴，傾則姦，惡其側轉而心不正也。在父母舅姑之所，不敢睇視，惡其不敬也。故君子尊其瞻視也。

皇祖考、皇祖妣、皇考妣。「皇」，辟之稱。古禮之不行於今日也，蓋三代天子稱王，今稱皇帝，則「皇」字必宜避，在下之臣民豈可僭分以稱之乎。

古者自天子至於庶人，皆有大宗小宗之分，尊宗嗣所以主祭祀、明適庶、統族屬也。今惟天子有之，餘則祭禮久廢，宗法蕩然矣。

曲禮「爲人臣之禮，不顯諫」與「有犯無隱」之說牴牾。事君有法語、有巽言，顯諫不可非定論也。三諫不聽而逃，則異姓之臣之道也。

人知孔子和易近人，不知聖人甚嚴毅，仰視蜚鴻則去，不接淅而行。不於此學聖人，終是扶醉漢，扶一面倒一面。

古者入境而問禁，入國而問俗，居是邦不非其大夫，出游在外更宜慎於保身之義。

「父母有疾，冠者不櫛」、「行不能正履，不脫冠帶而養」、「食肉不至變味，飲酒不至變貌，笑不至矧，怒不至詈」，孝子之憂喜隨親以為憂喜。疾已如此，而況於親歿乎！

人子養親之心無窮，而貴賤貧富不同，此天所以限孝子也。然隨其分而將其愛敬焉，藜藿菽水未嘗不可承歡也。

習俗偷敝，嫁女娶婦有傾資蕩產者，或會賓朋、或子孫彌月晬日皆極華靡，而父母衣食不堪，問則恬不知恥。此君子所宜力革也。

性本純乎理而無欲，發而為情則易動於人欲之私，而不克純乎天理之正，故曰：「人情者，聖王之田也。」田長五穀，亦生稂莠，而不能無假於耕耘之事。故必禮耕義種，講學以耨，本仁以聚，播樂以安，而後情之所發渾然與天命相流通，如五穀之告成而可以飽人，則進於聖人之域不難矣。

佛老之學，俱知在養心上做工夫，差路處由於不知格物致知之義，故無一不錯。今學者日在事物上辨別道理，全不養其清明之體。叩其故，曰：恐其入於虛寂也。不知大學之所謂「緝熙」、中庸之所謂「致中」，何嘗不是言養心？須是內外交進，方不流於一偏。

先王制禮，多言其經耳。至事出倉猝而非人所能逆料者，則必有權焉以濟之。曾子問一篇，每於錯綜變化處言禮之奧，非曾子不能問，非夫子不能答也。引而伸之，觸類而長之，天下無難事矣。

人情皆喜富貴而厭貧賤。每見富貴家子弟，無不長傲而志滿，縱欲而極樂，以喪其身、以滅其德者，則富貴反爲害不淺矣。蓋由爲父兄者，不擇嚴師益友而教之以禮義故也。

「疑事毋質」，不惟與師友論辯不可自執己見，即讀古人書，亦必虛心觀理，因其言以求大旨之所存，方能見古人於遺編中。不則硬作主張，與古人刺謬者多矣。朱子一生解經較程、張爲更精密，蓋深得「毋質」之義也。

人離財則無以生，故自天子以至庶人，莫不重之。然無貴無賤，無不累於財者，此聖賢所以日少，而愚不肖所以日多也。苟見利思義，積而能散，庶可卓然自立，而不受制於阿堵中物矣。

「臨難毋苟免」，養勇也；「狠毋求勝」，懲忿也。商鞅治秦，勇於力戰而怯於私鬭，與此相似而公私不同。

禮方而義圓，禮之所窮，有義以通之，則酬酢萬變而不詭於義之所宜。故曰：「禮從宜，使從俗。」

易曰「躁人之辭多」，禮曰「不辭費」，言即當理而傷煩，必至生厭，須痛戒之。

「禮，不踰節，不侵侮，不好狎。」風俗偷儆，每以戲侮爲相親厚，以踰節爲合宜，長傲遂非，轉相效尤，欲人心之還淳難矣。

接引後學，君子長者之用心也，然必有義乃可以成仁。「禮聞取於人，不聞取人；禮聞來學，不聞往教」，君子正不可不以道自重也。

仁義禮智信對舉之，則五德也。專舉一端，全體畢具。魯論專言仁，義禮智信已包於中。孟子兼言仁義，而禮智信悉該焉。曲禮曰「道德仁義，非禮不成」，則又以禮爲之經緯焉。夫子告顏子爲仁，亦止言復禮。仁者統體之禮也，禮者分見之仁也。仁義禮智，舉其一端，四德畢具，猶春夏秋冬，一氣中即藏四氣之理，故循環不窮，無終無始也。

曲禮二篇，言處己接物之道、進退周旋之節至爲詳密。大約集古經之言以成書，非漢儒所能傅會也，其中可疑者不過百分之一二耳。

飲食，人之所以養生也，故貴其適宜；飲食，人之所易貪也，故貴乎有節。且飲食人之所同欲也，故貴乎相讓，而不可獨專於己。曲禮、內則二篇論之甚詳，學者所當法也。

衣冠所以文身也，別貴賤，分吉凶，辨親疏、度數、等威至周而精矣，故曰「郁郁乎文哉」。後世因革損益，一代各異，皆不如周制之盡善也。然禮莫大於尊王，時王之制不敢不從也。

禮雖以卑牧退讓爲先，而其體甚嚴。不莊以涖之，則民不敬。故曰：「班朝治軍，涖官行法，非禮威嚴不行。」

曾子於出辭氣，以鄙倍爲戒。凡浮浪不根之言，與閑論他人行事而毫無意指者，皆鄙也。勦說雷同、儳言詐僞與不合於道而變亂是非者，皆倍也。必則古昔、稱先王而適當其可，方爲修辭之法。

「幼子常視毋誑」，「信」之義自能言時已教之矣。孟子所謂「言不必信」，經權不同耳。世俗狃於欺罔，至於父子兄弟間亦不以至性將之，反目忠信之人爲愚痴也，眞不可解矣。

君子將營宮室，宗廟爲先。今見富貴家宮室廄庫，事事整飭，獨祖祠竟不修理，又如何舉行祭禮耶！

禮，「士大夫下公門，式路馬」、「君命召，雖賤人，大夫、士必自御之」、「在官不俟屨，在家不俟車」。敬君之命，無所不至。後世爲人臣者，於此類亦皆恪守，知天威咫尺之義。惟「繩愆糾謬，堯舜其君」之意多不講究，則所謂敬君者，特其末焉已爾。

「抑抑威儀，維德之隅」，故「天子穆穆，諸侯皇皇，大夫濟濟，士蹌蹌」，各修其容而不敢苟焉。

已上自康熙壬辰至康熙丙申（註二）。

校記

一　「今」，屈氏刻後增修本作「明」。

二　「已上自康熙壬辰至康熙丙申」，原闕，據屈氏刻後增修本補。

卷五

「並坐不橫肱」、「共食不飽」，讓之小者也。吳季子、公子郢、伯夷、叔齊、泰伯，讓之大者也。君子無大無小，惟其理之所宜而一於讓焉，此之謂「無所爭」，此之謂「仁」。

「居喪未葬，讀喪禮；既葬，讀祭禮」、「不群立，不旅行」、「臥不安席，食不甘味」、「期悲哀，三年憂」，蓋無一念而不存乎親也。學者體行此禮而無愧於心焉，仁在其中矣。

一貴介子弟欲師余，延余至其家，取古器十餘種，曰：「此周、秦、漢、魏器，弟子寶重之，購以千金，時抱諸懷而臥。」予曰（註一）：「生愛古器，可謂至矣。何不愛古人，使念念不忘古聖賢而寢食與之共焉，則我即變而為聖賢矣，古器何為者？」渠嘆服。

君子語言貴中乎節。「在官言官，在府言府，在庫言庫，在朝言朝」、「居喪不言樂，祭事不言凶，公庭不言婦女」，苟非其時，所言雖正亦皆妄也。

「凡視，上於面則傲，下於帶則憂」，言其常也。至於天子、諸侯、大夫、士，其視之，或不上於袷，或綏視，或衡視，或視五步，又各有差等焉。

「為人子者，居不主奧，坐不中席，行不中道，立不中門」，其敬親之心無異於尊君，故曰「祗載見瞽瞍，夔夔齊栗」。今之爲父者，率不以禮範其子，其子亦狎恩恃愛而驕慢，非所以事親也。

禮，「恆言不稱老」。有髦耋之親，有白髮之子。早晚定省溫清、奉酒饌、問衣寒燠；或多方致親之説，如斑衣作兒啼事，乃人間第一樂事。故孟子曰：「王天下不與存焉。」

孝子「不登高，不臨深；不苟訾，不苟笑」、「在醜夷不爭」、「不服闇，不登危」。蓋身者父母之遺體也，一時不愼而至於危體辱親，罪莫大焉。故曰：「戰戰兢兢，如臨深淵，如履薄冰。」

「父母存，不許友以死」，爲養親也。戰爭則必勇，忠也；與友同行，遇虎而不敢獨全其身，信也。隨所處而其道各別也。

禮云「父母存，不有私財」。每見人以私財之故，至於父子傷恩，兄弟成仇，財之爲害豈淺小哉！亦或頗知其非，而欲之難克更甚於姦聲亂色，故必有剛德以勝之，方不至於以利故滅其天也。

鸚鵡能言，不離飛鳥。猩猩能言，不離禽獸。人之所以異於禽獸者，以其有禮義也。近人於衣冠儀容加意修飭，一不如人，便以爲恥，而至於禮義則棄焉而不問，有談及者則群厭其古板而相與譏笑之，是將率天下而鸚鵡猩猩之也。噫！

「天道虧盈而益謙，地道變盈而流謙，鬼神害盈而福謙。」每見倨傲氣盈之人，無往而不見惡於人，蓋辭讓之心人皆有之也。故曰：「強梁者不得其死，好勝者必遇其敵。」

人情處富貴則必驕奢，處貧賤則卑諂喪節，無所不至。蓋於道未嘗有見，故隕穫充詘而不能以理自持也。記曰：「富貴而知好禮，則不驕不淫。貧賤而知好禮，則志不懾。」禮者，所以處境之善物也。

「太上貴德，其次務施報。」蓋上古之時，風氣渾噩，各率其眞，其民老死不相往來。至二帝、三王之世，則風氣日開，而交際之禮興焉。說者遂以爲忠信之薄，不知禮尙往來亦人心自然之理，聖人因而利導之耳。必謂帝之世不如皇，王之世不如帝，將聖人亦分低昂，此老莊之邪說，非中正之論也。

禮者，敬而已矣。曲禮曰「毋不敬」，舉全體而言之也。「儼若思」，敬存乎內也。「安定辭」，敬著乎外也。此修己治人之要術，故記以此冠全篇，猶書之首「欽」也。

冠義、昏義、鄉飲酒義、射義、燕義、聘義等篇，釋儀禮所以然之義，可作儀禮傳讀。

先儒謂鄉飲有四：「一則三年賓賢能，二則卿大夫飲國中賢者，三則州長習射，四則黨正蠟祭。」玩記鄉飲篇，多是明「飲國中賢者」之禮，其餘有可通用者，有不可通用者，有未詳者，細閱之自知。

鄉飲之禮：「賓主象天地，介僎象陰陽，三賓象三光，讓之三象月之三日而成魄，四面之坐象四時。」聖人制禮之始未必有此義，然道理解釋得自好。

鄉飲篇既云「四面之坐象四時」，又云「天地嚴凝之氣，始於西南而盛於西北」，以西北爲天地之義氣，而坐介於西南，坐賓於西北，以取賓主乎義之義；「天地溫厚之氣，始於東北而盛於東南」，以東南爲天地之仁氣，而坐僎於東北，坐主於東南，以取主主乎仁之義，似於「四面之坐象四時」之說不合。蓋分言則有四時，專以仁義言，則春可以包夏，秋可以兼冬也。先天大圓圖陽始震初而盡午中，陰始巽初而盡子中，正與此合。可見先天圖之由來遠矣，近世乃皆以爲道家之所傳授而不之尊信，誤矣。

鄉飲之禮，教人以尊高年也，而敬有德之義亦行乎其間。六十者三豆，七十者四豆，八十、九十者五豆、六豆，以年爲差等也。然有賓有介，有三賓以爲衆賓之長，則衆老之中當擇其尤賢者，以爲之統領倅貳矣。尊德、尙齒二義並舉，先王之教也。

「民知尊長養老，而后乃能入孝弟」似倒說。蓋人必入孝弟，而后能尊長養老；亦必尊長養老，而愈增其孝弟之心也。二義自不相妨。

一鄉飲之禮而「貴賤明，隆殺辨，和樂而不流，弟長而無遺，安燕而不亂」。先王所以養天下之和平，而消人心之亢厲；抑斯人之淫佚，而進斯人於中正者莫大於此。故曰：「足以正身安國，國安而天下安」、「觀於鄉，而知王道之易易也」。此與鄉射讀法並重，後世粗襲其迹而禮樂缺如矣。

「弦木爲弧，剡木爲矢。弧矢之利，以威天下」，故自天子諸侯以至士庶皆使習之，默藏禦亂之計於飲食燕好之間，非止春蒐夏苗秋獮冬狩以講武事也。然必以禮樂揖讓行之，容比禮，節比樂，「內志正，外體直，而後持弓矢審固」，以中多爲雋，以不悔爲德，其所以養人之德性，而化其傲辟、抑其虛憍之氣者於斯爲大。大射、聘射、燕射、鄉射，其義一也。

射者，男子之事，而飾以禮樂，則所以觀德者不僅在乎中與不中也。固云「中多者得與於祭」、「中少者不得與於祭」，然使周旋不能中乎禮，節度不能協乎樂，驟勝而驕，輕慢同列，雖中多遂足貴哉？記云：「數與於祭而有慶，數不與於祭而有讓；數有慶而益地，數有讓而削地。」其爲慶讓，必兼禮樂觀之，不然徒以中論，則有窮后羿、楚養由基，皆得爲有德之士矣。

古者天子以射選諸侯、卿大夫、士。射者，禮樂之會也。孔子體先王以射教人之意，於矍相之圃，觀者如堵牆。使子路執弓矢出延射，曰：「賁軍之將、亡國之大夫與爲人後者不入，餘皆入。」蓋去者半，入者半。此聖人所以警不肖也。又使公罔之裘、序點揚觶而語曰：「幼壯孝弟，耆耋好禮，不從流俗，修身以俟死者，在此位也。」蓋去者半，處者半。又使序點揚觶而語曰：「好學不倦，好禮不變，旄期稱道不亂者，在此位也。」蓋厪有存者，此聖人所以勵君子也。其與人爲善之意，如天地之甄陶萬物，蓋無地而不存焉。

「爲人父者以爲父鵠，爲人子者以爲子鵠，爲人君者以爲君鵠，爲人臣者以爲臣鵠」，言君臣父子之各有至善耳。記強引入射義中，與上下文義全不相蒙，此漢儒疏處。

或問：男子生，必用桑弧蓬矢六，以射天地四方，而後使其母食之，何也？曰：宇宙內事莫非吾身分內事。男子初生之時，便以天地四方內職業望之矣，必無忝厥職而後可以享天地之養，故既射而後食之也。今不能爲天地立心、生民立命、千古繼絕學、萬世開太平，飽嬉而飢食，冬裘而夏葛，偷生於天地四方之間，晝愧影，夜愧衾，終將與鳥獸草木同歸而已，其有負於「桑弧蓬矢射六」之意也多矣，爲男子者所宜深念也。

君子自養其勇敢強力之氣，一用之於禮義戰勝。「用之於禮義則順治，用之於戰勝則無敵。」外無敵，內順治，而後謂之盛德，是文武事，儒者以一身兼之。後世文武分爲兩途，文不過稱詩說禮、吟風弄月，而一遇戰陣之事，則魂膽都喪；武不過披堅執銳、使氣逞力，而置之禮樂雍容之地，則手足失措，此治之所以遠不逮古也。

古者天子之治諸侯也，有朝有聘，一以肅君臣之分，一以聯上下之情。朝宗、覲遇、會同，皆朝也；存、頫、省、聘、問，皆聘也。諸侯各貢方物於天子，而天子有路車乘馬、玄衮黼裳之物以錫予之；又與之燕，錫以玉帛笙簧、飲食醉飽。其纏綿固結之情乃如家人父子之誼，其分至肅而其情甚親。又使諸侯之大夫比年一小聘，三年一大聘，制爲疏數之節而不紊。而天子又有所以恤諸侯者，大行人「歲遍存，三歲遍頫，五歲遍省」，此其聘於諸侯之禮也。而又使列國諸侯各有相爲朝聘之禮，使其皆以玉帛相見、禮讓相見，其郊勞贈賄、圭璋、束帛。饔餼、饗食之盛，拜貺、拜辱之節，莫不相與敬讓和樂而消其競心。故聖王之世，君臣如父子，友邦如兄弟，指臂相使，大小相恤，而無尾大不掉、互相蠶食之患者，蓋豫有以杜兵革之釁於樽俎之間也。

古者聖人重冠。冠者，成人之始也。當其少也，雖已養之於小學之中，學夫爲子爲弟爲幼之道，然其事不過少儀而已，至於冠則將責以爲人之全量焉。爲人夫爲人父爲人君爲人臣，正心修身以治國平天下，皆於是而發軔焉。須要博學無方，親師取友，正容體，齊顏色，順辭令，以盡夫忠信孝弟之行。故爲之父者筮日筮賓，而行之於廟，冠於阼階，醮於客位，三加彌尊，先之以緇（註二）布冠，次皮弁，次爵弁。冠賓之教，則曰「棄爾幼志」，甚鉅典也，故以爲禮之始。後世昏喪祭之禮，雖節文荒略，而猶存什一於千百；至於冠則士大夫家概置弗講，行之者百無一二。子弟並不曉其名義，況其儀文之詳乎。嗚呼，欲人之成德也難矣！

子之事親也，出必告方，反必面，大事必稟命於父母而後行，故親歿之後，大事必告廟。冠禮，行之於廟；昏禮，納采至親迎，主人筵几於廟。爵有德，祿有功，君親策命於廟；聘禮，君親廟；受軍禮，受命於廟，載祧主而行。皆所以示不敢專之意也。

四十強仕，固是道明德立，可以有爲；亦是精神充足，堪勝煩劇。氣力衰颯，難以建立矣。君子於血氣既衰後，須嚴加培養。接賓客、閱書籍，皆不可過費精神也。

曲成後學之意，無時不切。然必觀其意之誠僞，與其人之能受教並終能改過與否而後教之，不然則徒敝精神而已。夫子曰：「好仁不好學，其蔽也愚。」

投壺之禮，所以優賓也，而執筭立馬，一馬從二馬，近於後世樗博之事，然皆有禮樂以行之，與射義相爲表裏。蓋司射、庭長、魯令、薛令之設，拜送拜受之恭，拾投釋筭、奉觴跪飲之禮，命弦者奏貍首以間疏數之節，其所以養人之性情而導其和平、戒其傲慢者至詳且備，故盛世重之也。

子夏哭子喪明，自以爲無罪也。聞曾子罪己之言，遂投杖而拜曰：「吾過矣，吾過矣，吾離群而索居亦已久矣。」聖門諸賢相下不倦，雖至老猶如此，此其所以高出流輩也。今世學者德不加修，其病源先是客氣不化，遇良友規誡之言，不惟不能心悅誠服，且爲強辨飾非語，甚至以直言開隙，皆子夏之罪人也。

子夏哭子喪明，固是賢者之過，至「使西河之民疑女於夫子」，此句罪亦不甚確，疑非曾子之言。

聖人以萬物爲一體，無論人與我，同類也。「獺祭魚，然後虞人入澤梁。豺祭獸，然後田獵」、「數罟不入污池」、「草木零落，然後入山林。昆蟲未蟄，不火田，不麛，不卵，不殺胎，不殀夭，不覆巢」、「聞其聲不忍食其肉」，蓋物雖蠢而與我並生於天地，具此生理，皆足以動其不忍之心。故雖不能如梁武帝之以麵爲犧牲，而其取之也必有時，其用之也必有節。惻隱之心隨所觸而發，此所以盡物之性而贊化育參天地也。

兵凶戰危，聖人尤慎之。故古者天子出征，類乎上帝，宜乎社，造乎禰。受命於祖，受成於學。禡於所征之地，祭始爲軍法之人。遍祀群神而不嫌其數者，愼之至也。

仁、義、禮、智、信五者，一不備，不可以爲將。

孟子曰「『我善爲陣，我善爲戰』，大罪也」，切於救時之論耳。戰國君相惟知在戰陣上講究，全不知不嗜殺人、仁民愛物爲何事，故孟子與齊、梁之君每以仁義王道爲言，乃所以救時之切務也。如使孟子爲政於齊、梁，興弔民問罪之師，孫、吳兵法自不可少。古者皆於農隙田獵以講武事，夫子曰「以不教民戰，是謂棄之」，讀者善會其意可也。

兵家變詐百端，須一一識其情僞而得其所以御敵之策，方足爲將。不然，只講仁、讓、忠、信，而動輒墮入人罿羅中，則人人得而魚肉之矣。善乎！諸葛武侯之言曰「臨機應變，萬無一失」，眞將才也。

孫子十三篇說得兵法無分毫滲漏，後來名將多祖他。

禹見囚，下車而泣。王制論聽獄訟，曰「附從輕，赦從重」。皆天地生物之心也。

記曰：「凡聽刑，必意論輕重之序，愼測淺深之量。悉其聰明，致其忠愛以盡之。」蓋刑者，不得已而用之者也。鞭扑之加，戕人肌膚；至劓刵宮剕等，則肢體一斷而不可以復續。故必盡其忠愛敬愼之心，廣訊於衆，內詳於己，不敢有矜才使氣之私，亦不敢有苟簡疏略之意，權衡允當，而後可無忝於司寇之職也。

春秋大改過，肉刑一成，雖改之亦無及矣。然聖人以德禮化民，刑雖設而常不用。即偶用，亦必合群臣百姓之論而裁以己意，無冤民焉。後世暴君酷吏嚴刑峻法以威下，則無辜而死者幾不可勝記。漢文除肉刑，為萬古開三面網矣，近世拘儒必謂用肉刑而後可以復三代，豈非膠柱而鼓瑟乎！

自古聚斂之臣必用酷刑以濟其私，民之生於其時者如赴湯蹈火，為禍烈矣。而近世惑於佛氏之教者，又率習為寬縱，以求福田利益，甚至罪應大辟者，亦委曲出脫。盜案則與失主作敵，命案則與屍主成仇，以至小人肆行無忌，犯禁日多，則又寬之為害也。善乎！詩之咏湯曰「不競不絿，不剛不柔」，眞百王所當法也。

坊記云「觴酒豆肉讓而受惡，衽席之上讓而坐下，朝廷之位讓而就賤」、「善則稱人，過則稱己」、「善則稱君，過則稱己」、「善則稱親，過則稱己」，是聖人無事不教人以讓也。人情形骸之隔，物我判而為二，養惟恐其不厚於己，位惟恐其不尊於己，名惟恐其不歸於己，甚至君父之際亦分爾我，此天理所以日亡，人欲所以日熾也。學者潛玩聖人之訓，庶得所以克己復禮之方矣。

禮樂「無本不立，無文不行」。「無聲之樂，無體之禮」，禮樂之本也。但賢智之流好空空言禮樂而不復究其節文度數，則禮樂之用茫無所知，其所謂無聲無體者亦恍惚想像而已，此過高之病也。

「天無私覆，地無私載，日月無私照」，三王「奉三無私以勞天下」，故其德與天地參。

然天地日月純乎天理而無私，人心有覺而七情具焉，則與天地日月不能吻合而無間矣，故於「奉三無私」之下，即繼之曰「湯降不遲，聖敬日躋」，此其所以「奉三無私」之本也。如是則「清明在躬，氣志如神」，其心即天地之心也，其明即日月之明也，而所謂無私覆、無私載、無私照者，取之一心而有餘矣。蓋其功用甚大，而其要則「敬」之一字足以盡之。

「天有四時，春秋冬夏，風雨霜露，無非教也。」聖人喜怒哀樂發皆中節，禮樂征伐動合天則，聖人之政即天地之教也，故曰「配天」。

失足於人，失色於人，失口於人，可恥孰甚焉。君子貌足畏，色足憚，言足信，則身修而德尊矣，而其本則在敬忌。

子曰：「狎侮，死焉而不畏也。」人主於嬖幸之臣、婦寺之輩，至爲其所揶揄而受制者，皆一念之狎侮致之也，故曰：「臨之以莊則敬。」

厚於仁者薄於義，親而不尊；厚於義者薄於仁，尊而不親。見陰陽剛柔不可偏勝之義。

「至道以王，義道以霸」，以義屬霸。禮記雜於漢儒之説，此類可見。

「仁之爲器重，爲道遠，舉者莫能勝也，行者莫能致也，取數多者仁也」，説「仁」字極周到。夫子於及門之士若仲弓、由、求輩，與子文之忠、陳文子之清，皆不輕許以仁；而於「三仁」及夷齊與管仲之功，皆以仁許之。學者須於此等處做題目入思議。

表記論「好仁」有云「鄉道而行，忘身之老也，不知年數之不足也，俛焉日有孶孶，斃而後已」，乃吾夫子學而不厭之事，而天下後世有志於仁者所宜服膺弗失也。

表記云「仁之難成久矣，惟君子能之，不以其所能者病人，不以人之所不能者愧人」，固是忠厚之意。但士窮而在下，不敢以賢智上人則可矣；若人君制行以教民，自當推己以及人也。大學「新民」、「止至善」，未嘗不即以我之明明德者望之，至於民之顓愚而不能盡如我意者，則誠無如何耳。若云「不以其所能者病人，不以人之所不能者愧人」，其立教也，不制以己，非聖王之治也。

「下之事上也，雖有庇民之大德，不敢有君民之心」，此理甚好。君子「不自尚其事，不自尊其身，儉於位而寡於欲，卑己而尊人，小心而畏義，得之自是，不得自是，以聽天命」，此伊尹之所以事太甲、文王之所以事紂、周公之所以輔成王也。後世奸雄自負其才而不知君臣之大義，遂至得罪千古。至文人詞士微末小技，遇合不偶，輒牢騷不平、放意肆志，卒以輕薄賈禍，深可惜也。

古之君子恥名之浮於行，故「不自大其事，不自尚其功，以求處情」。今之君子名焉而已，故實常不足，而虛憍相尚。

父嚴而母慈，「凱以強教之，弟以說安之」，方盡乎為民父母之義，而陰陽合德焉。

事君以義，則難進而易退。事君以利，則易進而難退。

事君可貴可賤、可富可貧、可生可殺，方能安於義命，慎終如始，而盡純臣之節。

「君子於有喪者之側，不能賻焉，則不問其所費；於有病者之側，不能饋焉，則不問其所欲；有客不能館，則不問其所舍」，此皆古人之篤實自修，不事虛夸以邀名也。

「君子之接如水，小人之接如醴；君子淡以成，小人甘以壞」。以此驗人情百不差一。

問師弟於五倫何屬？曰：在朋友一倫中。尊賢之義，或父事，或兄事，皆友也。

朋友在五倫中，猶土之寄旺於四時，信之分屬於仁義禮智也。君臣父子夫婦長幼之道，非朋友則無以講明其理、匡救其失，故「九經」於「修身」之下，即繼以「尊賢」。自天子以至於庶人，無不資友以成其德。此朋友所以居五倫之終，而四倫皆不能外焉者也。

今人拍肩執袂，酒食歡呼，遂以爲通聲氣矣，不知「以文會友，以友輔仁」，乃所以取友之實也。惟其如是，故有無相通，患難相恤，所饋雖車馬不拜，而無所歸則曰「於我殯」。今之輕財重義者誰乎？不以死生易交者誰乎？能於友道見得幾分，方不墮落坑塹。

大人不倡游言、浮浪不根之言。道聽塗說，甚爲損德，戒之。

「可言也，不可行，君子弗言。可行也，不可言，君子弗行。」言行如兩足，一步不相離，故一病則俱病，須是交相顧方得。

緇衣曰：「長民者，衣服不貳，從容有常，以齊其民，則民德壹。」孔子曰：「不莊以涖之，則民不敬。」人君儀度所關，正自不小。

古者君不疑於其臣，臣不惑於其君，君臣之間一誠相通，一心相照，與家人父子無異，此所以「都俞吁咈」，成雍熙之治也。自秦以後，君臣各懷一狙詐之心、私利之計，如何得成唐、虞、三代之治耶？

爵祿不當，則民不勸。刑罰不中，則民不恥。故必賞罰明而後政教行焉。

「大臣不親，百姓不寧」、「大臣不治而邇臣比」，國之大患也。「小加大，賤妨貴，疏間親，淫破義」，逆孰甚焉。故綱紀倒置，朝野怨讟，而亂亡隨之。然原人君所以疏遠大臣之故：一則不能清心寡欲，克其好色好貨之私，正心誠意之論格格其不相入；一則不能卑以自牧，虛己下賢，而於大臣則厭其剛直骨鯁而無柔軟就己之意。彼小人者方且揣其所欲，而百計以逢迎之，順意承志，從無牴牾，故寵幸日隆。即至天怒人怨，禍亂已極，尚不覺悟。雖不得已而誅殛，終非其本心。此君子所以多在外，而小人所以多在內也。

記曰：「君子溺於口，口費而煩，易出難悔。」大雅曰：「莫捫朕舌，言不可逝矣。」故君子守口如瓶。

「民以君爲心，君以民爲體」、「心以體全，亦以體傷；君以民存，亦以民亡」，故聖主之於民，惕惕乎「若朽索之馭六馬」。桀、紂、幽、厲賤之而已，虐之而已，故其亡也忽焉。

「君子能好其正，小人每毒其正。」君子小人之不相容，猶薰蕕冰炭之不相入也。然君子惡惡雖嚴而用心常恕，小人則奸狡叵測而心如蜂蠆，故君子之死於小人者常多。君子於小人須善遠之，不可太露圭角，如孔子之於陽虎、孟子之於子敖，學者所當法也。

「方以類聚，物以群分」，故君子「朋友有鄉，其惡有方」，一毫游移不得。今人屑小聰明，便自尊大。伏羲觀河圖、洛書，遂撰出六十四卦來，其聰明居何等也。伏羲因河圖而畫易，有象之易也。孔子「易有太極，是生兩儀」，直從未有天地時設想，乃六十四卦之原也。然猶是虛論其理如此，至周子又畫出圖來，且爲之說，條分縷析，絲毫不爽，眞尼山功臣也。

與人恭而有禮，無地不然。問品味，則曰：「子亟食於某乎？」不斥之以好惡而昭其癖。問道藝，則曰：「子習於某乎？子善於某乎？」不斥之以能否而暴其短。小心敬愼，即此可見。今率以鹵莽心待人開釁多矣。

「事君者量而後入，不入而後量」，故伊尹必待三聘而後翻然改，武侯必三顧而後出，方能君臣一德，成「割正有夏」、「三分天下」事業。後世人心大壞，止以得仕爲榮，全不講君德如何，欲功名之建立於天下也難矣。

「爲人臣下者，有諫而無訕，有頌而無諂。」諫者欲革君於善，訕則有自賢之意；頌者稱美其實，諂者曲以行媚。公私之別也。

事君者須寬以居之。每見褊心之士，不得於君則疾怨之心生；或言聽計從，輒形驕矜，輕慢同列，不久取敗。故相量不可不講也。

「毋拔來，毋報往。」朱子謂：「拔，是急走倒從這邊來；赴，是急還倒向那邊去。猶云其就義若熱，則其去義若渴，所謂『其進銳者，其退速』也。」朱子解甚確。愚見只在容貌氣象上說，言要遲重和緩，毋得急遽進反，似亦不妨。

記曰「執虛如執盈，入虛如有人」，即「出門如見大賓，使民如承大祭」之意。

「大孝終身慕父母」，生事葬祭，慕親之心死而後已。少儀曰「未嘗，不食新」，即此一端，可以見孝子之全體矣。

記曰：「軍旅思險。」註專以「舍止經由之處，必思爲險阻之防」作解。按：兵凶戰危。「地水師」，有坎險之象焉。「臨事而懼，好謀而成」，必於所爲險者慮之詳、見之周，自處於不可勝以待敵之可勝，非止「次舍」、「經由」之宜慎而已也。又曰：「隱情以虞。」蓋凡幾事不密則害成，至兵家臨機應變，則繫乎大將之一心，雖鬼神有不得而測其幾者。善哉！隱之爲用，微也。故曰：丈人吉，弟子輿師。

曲禮、少儀言事長之禮頗詳。今人爲弟子時多不聞，長益倨肆。居鄉不能執卑幼之節，居官如何能盡忠敬之心於長上耶。

曲禮、少儀、內則、玉藻諸篇，言人生日用處己接人之道、周旋進反之節、飲食衣服之制，至詳且備。雖其中有萬世不能易者，亦有時異俗易，宜於古而不能行之於今者，然零碎瑣細處皆足見天理之至。

天下無道外之物，故愚夫婦可以「與知」、「與能」，鳶飛魚躍皆「上下察」。但天下無眞能見道之人，故「予欲無言」。下學上達，子貢尚不能洞曉其旨，何況門外人。

談理之文如布帛菽粟，詞章家多厭其平淡無奇，束而不讀，不知書如虞、夏、商、周，詩如風、雅、頌，孔子之十翼，孟子七篇之旨，其文洩萬古造化之秘無論已。即如太極、西銘兩篇，秦漢以後文人誰能步其後塵，而於談理者輒鄙棄之耶！

學記一篇雖不如大學規模之大，條理之密，然其論教人處極得優游饜飫之妙，所謂「藏修息游」、「不學操縵，不能安弦；不學博依，不能安詩；不學雜服，不能安禮」、「禁於未發之謂豫，當其可之謂時，不淩節而施之謂孫，相觀而善之謂摩」，使人有遷善之樂而不知從師取友之苦，發出一番循循善誘道理，可補大學所未及。

學者氣質不同，故受病各異，或失則多，或失則寡，或失則易，或失則止。聖人各因其所偏而甄陶之，故曰：「可以贊天地之化育。」

三代以上，君師之道合而爲一。三代以下，君師分而爲二。明德必新民，成己必成物。君也，師也，一也。故曰「能博喻然後能爲師，能爲師然後能爲長，能爲長然後能爲君」、「三王、四代惟其師」。

「師嚴然後道尊，道尊然後民知敬學」，故湯師伊尹，文王師鬻子，武王師箕子、尚父。「大學之禮，雖詔於天子，無北面」，天子且如此尊師拜道，公侯以下尚有自負其貴而不知下賢者乎？故三代之時，君德隆盛，治化休明，而非後世所能彷彿也。

原泉混混，必盈科而進，而後漸至於海。君子之學也，必從容涵泳而後漸造乎其極，故「善問者如攻堅木，先其易者，後其節目。及其久也，相說以解。善待問者如撞鐘。叩之以小者則小鳴，叩之以大者則大鳴。待其從容，然後盡其聲」，躁急心熱躐等而強求，則終扞格而不勝矣。

詩曰：「鼓鐘於宮，聲聞於外」、「鶴鳴於九皐，聲聞於天」。緇衣曰：「苟有車，必見其軾。苟有衣，必見其敝。苟或言之，必聞其聲。苟或行之，必見其成。」世未有陰爲不善而不形於外者也，亦未有不積誠於中，飾爲善言善行以欺世盜名而不敗者也，故中庸之卒章以爲己爲入道之始焉。

朱子曰：「人須是慈祥和厚爲本。」四時之以春爲首，乾德之以元爲先，其義一也。

古人內外交養，「足容重，手容恭，目容端，口容止，聲容靜，頭容直，氣容肅，立容德，色容莊」，外面如此齊遬，內面自有清明在躬之意。程子所謂「只整齊嚴肅，則心便一。一則自無非辟之干」也。

一士問學於有道先輩，以「九容」告。其士厭其卑近，退語人曰：「九容」乃三尺童子所習聞，而我告也。不知「九容」自少至老，自天子至庶人，無一時無一人不宜，然行到無一息間斷處則人欲日消，天理自行，煞非易事，渠自不思耳。或謂：「九容」不如夫子告樊遲「居處恭，執事敬，與人忠」之全備。曰：固是。但實實做得無缺欠，吾見亦鮮矣。

人之溺於欲，猶其溺於水也。欲之蕩而莫可止，猶水之橫溢而泛濫也。故聖人制爲禮法，以爲之隄防。「刑以坊淫」，所以威小人；「禮以坊德」，所以御君子。刑施於已然之後，其爲坊有限；禮禁於未然之前，其爲坊無窮。飲食男女人之大欲所存，聖人於是樹之規矩焉：「毋齧骨，毋嚃羹，毋放飯，毋流歠，毋固獲」、「男女非有行媒，不相知名；非受幣，不交不親」、「深宮固門，男不入，女不出」、「男不言內，女不言外」、「男女不雜坐，不同椸枷，不同巾櫛，不親授」、「寡婦之子，非有見焉，弗與爲友」、「道路，男子由右，女子由左」。其別嫌明微、制節謹度者，每杜其情欲於未萌之先，聖人之所以仁天下者於斯爲至。至刑也者，所以佐禮之窮也。欲之隄防，禮爲多。

易曰：「臣弒其君，子弒其父，非一朝一夕之故，其所由來者漸矣。」故禮者，所以章疑別微，辨上下，定尊卑，明親疏也。故衣服、飲食、輿馬、宮室各有品級。「制國不過千乘，都城不過百雉，家富不過百乘」、「一不朝則貶其爵，再不朝則削其地，三不朝則六師移」，所以教天下之爲人臣也。父母在，不敢惜其力，不敢私其財，恒言不稱老，三賜不及車馬，愛之則喜而不忘，惡之則勞而不怨，所以教天下之爲人子也。爲人君父者不能以禮御下，而恣其意之所欲爲，則優柔遷就，乾剛已失，必受制於其臣子如奴隸然，不復能自振矣，甚至不保其首領，豈盡臣子之罪哉！故曰：「爲人君父而不明春秋之義者，必蒙首惡之名。」

孔子曰「天地不合，萬物不生。大昏，萬世之嗣也」，從夫婦一倫源頭處說起，故易以咸、恒對乾、坤，爲下經之始。乾、坤，大夫婦也。男女，小天地也。咸爲少男少女，恒爲長男長女，皆有夫婦之義焉，此陽變陰合所以生萬物也。故以夫婦爲人倫之始，以治宗廟之禮，以備內外之官。大昏既至冕而親迎，六禮不備，貞女不行，典莫重於此矣。愚不肖者竟以此爲肆情縱欲之地，身之不修、家之不齊率由於此，甚至殺身亡國禍亂莫深於女謁。而佛老兩家遂欲外此，以爲明心見性、安身立命之計，則又陷於異端而有滅絕人類之患。此皆不明於天地生物之義、聖人儷皮爲禮之意也，故曰「過猶不及」。

自幼最嗜匡衡「致其貞淑，不貳其操。情欲之感，無介乎容儀。宴私之意，不形乎動靜」數句。夫婦依此行之，則意誠心正身修而家齊矣。

後世文士率以才子佳人爲人生第一快事，而不辨其貞邪，以司馬、卓文君爲美談；金屛梅、西廂等書，人人寶重之。世風至此，人類幾何而不禽獸也。關雎一篇開成周八百年之業，學者童而習之，略不加意，而乃傚法相如無恥之遺臭，何其悖也。

湯武誅桀紂，周公誅管蔡，石碏誅其子厚，皆人倫之大變，聖賢之不得已也。非人欲之盡天理之極，而徒沿襲故迹，未有不得罪千古者，故曰「可與立，未可與權」。

呂晚村曰：「父子兄弟不論是非，此有道者之言也。」愚謂：父子兄弟以天合，與君臣朋友夫婦之以義合者不同，故舜之於父母與象皆以至性感動之，絕不計較長短，故爲人倫之至。然不論是非，止在待自己厚薄上說；至父母兄弟所爲，又要分出是非來。父有爭子，則身不陷於不義，兄弟亦有潛移默化道理，不得概以仁柔了事。

已上自康熙己亥至康熙辛丑（註三）。

校記

一　「日」，原作「以」，據屈氏刻後增修本改。

二　「緇」，原作「綿」，據屈氏刻後增修本改。

三　「已上自康熙己亥至康熙辛丑」，原闕，據屈氏刻後增修本補。

卷六

才人不聞道，縱絕世聰明，皆足殺身。淮陰佐漢祖成帝業，功亦偉矣，而不免未央之誅。求封三齊王，羞伍絳、灌，其心奈何功業不下，遂以賈禍。禹平水土，萬世永賴。書曰：「汝惟不矜，天下莫與汝爭能。汝惟不伐，天下莫與汝爭功。」惜淮陰不達此義。

古人之禮，有不可膠柱而行之今者。如古人席地而坐，今人用卓椅較古爲便，其奉席、請席、布席、撫席，坐跪、解屨、遷屨、納屨諸禮，俱不可行於今日矣，然其義自善。

古人每事不忘本初。如祭饗則以玄酒爲最貴，器則尚陶匏，衣則自天子至庶士必用芾，必以韋爲之。每食，必祭始爲飲食者。今於此等禮多廢，皆是後人儇薄處。

古者「年不順成，則天子素服，乘素車，食無樂」、「君衣布、搢本」、「大夫不得造車馬」、「關梁不租，山澤列而不賦，土功不興」，足見君民一體之意。後世人君窮奢極欲，荒歲如故，竟不顧一路哭矣，可嘆也！

聖王之治天下如治家然，故易田疇，薄稅斂，食以時，用以禮。不惟民之耕斂，稅駕田間時有，以懲其怠惰。即朝饔夕飧，凡老幼之服食器用，吉凶軍賓嘉之所費，亦莫不有一定之節制而不敢過焉，故耕三餘一，耕九餘三，以三十年之通制國用。既已家給人足矣，而歲偶不登，又發倉廩以賑之，故古者有荒歲，無荒民。後世以催科為報最，虐政殃民，敲骨擊髓，而凡一切耕耘收穫與吉凶之費，聽民之自為，而為上者略不與聞，以故家自為政，人自為俗。或以葬祭而蕩產，或以娶一婦嫁一女而廢業。繁文縟節，所為者莫非越禮犯義之事。其飲食衣服，淫侈相尚，以至蓄積日耗、十室九空。二月新絲、五月新穀以完國課，而豪強惡債之苦，更甚於吏呼！故民雖豐穰之年，舉家嗷嗷待斃。一值荒歲，老弱轉乎溝壑，妻子鬻諸他郡，而府州縣所貯倉廩之粟，官吏略不奏聞賑濟，且或飾荒為豐以欺人主，而為之君者般樂怠敖，竟不知民間作如何景況？嗚呼，是誰之咎也！

古人於沐髮既櫛之後，進機而飲酒，進羞而食，工乃升堂而歌。既充之以和平之味，又感之以和平之音，以新沐氣虛而致其養焉，此保身之慎也。鄉黨一篇記聖人飲食之節，皆此義也。

「貧者不以貨財為禮，老者不以筋力為禮。」余素貧且年近杖鄉，不能以財力結良友之歡也，惟到處勸人為善，以盡如蘭之雅而已。

兄弟乃父母之氣一體而分者也。人每因形骸之異，而彼我遂判為二，各妻其妻，各子其子。視妻子為一身，視兄弟如行路，以至私其財貨私其器物，因家產而成讐仇者有之矣。否則因勢位官爵而相輕者又有之矣，否則因才學相高而開釁隙者又有之矣。大而天子諸侯冢嗣爭立不定，互相屠戮，或國破身亡，取快敵國；或停喪不殯，屍蟲出戶；或故君已歸，猶據神器。

總之，不知兄弟實吾之一體也。

舜之處象，伯夷、叔齊兄弟遜國，皆千古人倫之至。

「古之君子必佩玉，右徵角，左宮羽」、「趨以采齊，行以肆夏」、「周中規，折中矩」、「在車則聞鸞和之聲，行則鳴佩玉」，皆是修身事。是以非辟之心無自而入也，則正心在其中矣，可悟內外本末交相培養之義。

大學格致誠正修，其次序固不可紊，然五件事互相發明，倒順看來皆成道理。

古人云：「孝子有終身之喪，忌日之謂也。」。然「父歿而不能讀父之書」、「母歿而杯圈不能飲焉」、「霜露即降，君子履之，必有悽愴之心」，孝子之不忘親，無時無地不然，忌日舉其尤切者耳。

明堂位不詳明堂制度，不言柴望祭儀，不言巡狩之禮，專誌魯用天子禮樂，兼用虞、夏、商、周之制，以爲於此見周公之德之盛足以服天下，是於道全無所見；且謂魯之禮樂刑法政俗俱未嘗變，甚屬難通。而其失之最大者莫如「周公踐天子之位」一語，不得程朱、九峰之論，則貽害不淺矣，其爲漢儒傅會之語無疑也。

明季陽儒陰釋之徒謂朱子彈射無完人，且謂漢儒近古考核詳明，朱子率鄙爲訓詁之學，以禮記、家語爲出於漢人之傅會，皆其不尊信古人處。不知朱子闢史遷，闢揚雄、王通、陳同甫、陸氏兄弟輩，自漢以下於董仲舒、韓昌黎、周、程、張、邵諸子外多所不滿，豈過刻哉！

蓋論道德則以孔孟爲宗，論治術則以二帝、三王爲極，其苛於論人處乃所以存明德新民之至善也。至於六經，於詩闢序說之謬，於春秋厭傳註之穿鑿，於禮經欲以儀禮、周禮爲經、禮記爲傳而未就，深嘆漢儒之雜，而禮經之不得成書以行於世。其不敢輕信舊說處，乃所以存經學之眞也，小儒自不知耳。

儒行云「夙夜強學以待問」，知之事也；「懷忠信以待舉，力行以待取」，兼內外而言行之事也。曰：待問、待舉、待取，似專爲人而學矣，然皆言所以應世之具耳，與逢世之學不同。

「難進而易退」，進以禮是難進，退以義是易退。富貴利達一流人，營營苟苟，惟患其不進，其圖進也，便有許多計算；惟恐其或退，其保退也，便有許多彌縫。能於進退二者有眞見識、眞操持，非豪傑之士不能。

「儒不寶金玉，忠信以爲寶；不祈土地，立義以爲土地；不祈多積，多文以爲富」即「彼以其富」四句義，然不如曾子之精粹。

「儒可親而不可劫，可近而不可迫，可殺而不可辱」、「鷙蟲攫搏不程其勇，引重鼎不程其力」，極寫得剛毅氣象出。然不聞聖賢之訓，則不免流爲任俠，須從集義上著細密工夫，方是大勇。

「忠信以爲甲冑，禮儀以爲干櫓」，然孔子之微服過宋，孟子之有戒心而以兵從，何也？即此可識時措之宜。

「上弗援，下弗推，讒諂之民比黨而危之者」，以士特立獨行，不合時好，且名高，足以招小人之所忌也。然「身可危而志不可奪」，士之義也；「雖危起居，猶將不忘百姓之病」，士之仁也。亦有仁義而已矣，他何知焉？

「內稱不辟親，外舉不辟怨」，天理之至也。子思作中庸稱仲尼，伊川以明道接孔孟之統，此心無一分偏黨，正自不必避嫌。

舉賢能而望報於其人與望報於君，皆從私利上起見。惟若四岳之薦舜，舜之用五臣，方見天理之極。

「聞善以相告，見善以相示；爵位相先，患難相死；久相待，遠相致」，蓋不以窮達、常變、初終渝其志，此之謂能友。

「不隕穫於貧賤，不充詘於富貴，不慁於君王，不累於長上，不閔於有司」，須問所以致此是如何。

儒行一篇合於聖人之旨者極多，但義多重複，章法無次第，句法無倫序，決非孔子之言。李氏疑其出於戰國豪士所爲。按：戰國時能爲此者亦少。且謂稱說多過，愚見非過也，但不盡精細確切耳。

上古之世無昏禮，則男女各從其所欲而野合，野合則無父子兄弟諸倫矣。聖人儷皮爲禮以重別也，後制爲六禮：納采、問名、納吉、納徵、請期、親迎，而後夫婦之倫明而萬化興、萬事出焉。故曰：「夫婦爲人倫之始。」

「敬愼重正，而后親之」句，括盡昏禮一篇義。「共牢而食，合巹而酳」，可謂親矣，而必先之以媒妁，必受命於父母。男命於父，而父親醮子而命之；女命於母，而爲之施衿結帨。六禮之行，主人皆筵几於廟，而拜迎於門外，聽命於廟。壻必再拜奠雁，親受之於其父母，御婦車而親授綏。莫非盡其敬、愼、重之義，以歸於正也。男女正而後夫義婦順，上以事宗廟，而下以繼後世。

坤德以順爲義而用六，歸於永貞。女德象坤，故親迎之禮男先乎女，男授女綏而御輪三周，男先俟於門外而女後至，教以順也。奠雁而再拜，示從一而終之義，教以貞也。婦之順以夫爲主，而夫家莫先於舅姑，故質明而見舅姑，執笲、棗、栗、鍛修以見，特豚以饋，教以孝也。孝行於父母而後能和於妯娌，以及一家之長幼尊卑莫不各得其順正矣，故曰：「婦順備而後內和理。」

夫婦之道，「順貞」二字該得盡。詩取興關雎，註曰「摯而有別」。摯者，情意懇至也，是順義；有別，則肅然不可犯矣，是貞義。

婦人之事，衣裳酒漿其本職也。故古者王后繅三盆手以爲祭服，以帥諸侯卿大夫士之妻，使各勤於女紅，而易又曰「在中饋，貞吉」。後世仕宦之家率以紡績操井臼爲恥，不知逸則淫，淫則忘善。人心出入無時，不可無所以養之。女子治絲麻、饔飧二者，不惟足以裕財用，亦所以養其心也。不然習爲驕惰，則家政日廢墜矣。詩云「爲絺爲綌，服之無斁」，周之所以興也。又曰「婦無公事，休其蠶織」，周之所以亡也。

自天子至於庶人，未有舍師而能成者。古者男女各有師，而其教也則皆以義禮爲本。男子無論已，即女子自幼姆教婉娩，既嫁三月以前，教於公宮或於宗室。婦德婦言婦容婦功，教成而後見於祖廟。詩后妃夫人之自詠曰「言告師氏，歸寧父母」，餘可知矣。後世率以文事爲先務，男教之讀書不過爲取科第計，於策論八股外，則詩詞字畫等事而已。有佔畢一生五禮略不考究者，即溫公、文公家禮且不知，況儀禮等書乎？女子多無師，間有師，其教之亦以寫字吟詩爲奇，而曹大家、列女傳之訓無聞焉。故古之成材也易，今之成材也難。

古者「天子理陽道，后治陰德」。「天子立六官，三公、九卿、二十七大夫、八十一元士，以聽天下之外治」、「后立六宮，三夫人、九嬪、二十七世婦、八十一御妻，以聽天下之內治」，然治外治內皆以仁義爲本。君之於臣也，有仁以育（註一）之，而後君臣一體，成元首股肱之美；有義以正之，而後貴賤尊卑肅然，各盡其職。后之於衆妾也，必不妒忌，而後能使六宮各蒙其惠；必貞靜自守，周知衆媵之是非邪正，而後能絕其爭寵蔽主之禍。然妻道無成，苟爲人主者不能清心寡慾以正其心，雖有賢妃，其奈之何哉？故曰：「心正而後身修，身修而後家齊，家齊而後國治。」

夫子答曾子問禮，不必盡是簡策所有。有此一問，便天然有此一答，所謂「七十而從心所欲不逾矩」、「吾道一以貫之」也。

「女未廟見而死」，「不遷於祖，不祔（註二）於皇姑，壻不杖、不菲、不次，歸葬於女氏之黨」。按：既已成婚而爲婦，雖未廟見，豈非婦乎？不遷、不祔而歸葬女氏之黨，此禮之必不能行於今者也。

「取女，有吉日而女死」，則「壻齊衰而弔，既葬而除之。夫死亦如之」。今日，女死男弔者多，男死而女弔則群怪之矣，不知聖人制禮不可易也。

古者臣之事天子與后如父母，命婦如事舅姑，故有齊、斬衰之服。自漢文短喪，已變而二十七日，臣下與命婦皆然。此失禮之至大者，後世人君非不知而卒不能改，一則惑於利害，一則溺於聲色酒食之欲而不能自克也。

朝於公，內朝，則以昭穆長幼爲序。「雖有三命，不踰父兄」，親親之仁必篤於內也。其在外朝，則以官，貴貴之義必嚴於外也。各適其宜而已。

「公大事，則以喪服之精麤爲序，雖於公族之喪亦如之」。其族食世降一等，齊衰一年四會食，大功一年三會食，小功一年再會食，緦麻一年一會食。雖同姓之親，一體同仁，而必分差等若此。何以有是差等？天也，非聖人之所能爲也。

「族之相爲也，宜弔不弔，宜免不免，有司罰之」，以其失禮也；則賵賻含襚，宜贈而不贈者亦不免於有司之罰矣。故刑也者，所以威蚩蚩之氓，使之群赴於禮也。

聖人制禮，雖不能不因地而異宜，然禮者所以畫一天下之風俗也。冠婚喪祭，禮之大綱。今世或廢而不舉，或人自爲政，家自爲俗，逆理踰分，靡所不至。長人者止以催科爲事，於此毫不講究。夫禮不行於天下，而欲孝弟成風、追唐、虞、三代之治，吾未之聞也。

仕以行道也。今遇富貴人論致君澤民事，每取憎。及聽群所講究，則曰：某工於媚君；某工於逢迎上憲；某工於取錢；某值美缺，歲可得數萬金或數十萬。孟子曰「不恥不若人，何若人有」，可嘆也。

三代以後，惟諸葛武侯得出處之正，然千百載乃一見焉，君臣之際豈不難哉？讀其表曰「先帝知臣謹愼」、「鞠躬盡瘁，死而後已，至於成敗利鈍非臣之所能逆睹也」，可謂不負其主矣。

聖人以仁育萬物，以義正萬民，義之中有禮，有政，有刑。刑者所以佐禮之窮也，故堯舜之治亦不廢焉。

兵者，致人於死者也。孤人之子、寡人之妻，傷天地之和、招水旱之災，故聖人憫焉。然自黃帝以來至今不廢，蓋伐暴救民非兵不可；草澤間奸雄窺伺，非兵無以杜其私。至靖康、德祐間，神州陸沉，生民塗炭，皆兵政不修之過也。故易著師卦、孔子論政曰「足兵」，豈不知驅無辜之民而死於疆埸哉？欲爲久安常治之道，固不得不出乎此也。

古者尙齒之義與貴貴並重。天子巡狩，就見百年者，雖庶人之老亦行之。「九十者天子欲有問焉，則就其室以珍從」。天子尚如此，況公侯以下乎？後世之所知者，貴焉而已，老老之禮不明於天下也久矣。養老必先三老五更，尊有德也，養國老於上庠，養庶老於下庠，虞、夏、商、周皆然，於長長之中而又辨其爵與德也。

文王居羑里而演易，文殊不知其爲羑里也。即此心境，已得六十四卦之本。

王制雖漢儒博士諸生作，而明封建朝會祭告之制、養民教士之法、選舉刑賞之宜，規模宏遠矣。後王彷而傚焉，亦可以得三代聖人治天下之大略也。

古者天子五載一巡狩，或十二年而一行，蓋封建以示公天下之意，而又恐諸侯之不克盡厥職，故親歷其地，觀其土地田野之治否、祀典學政養老尊賢之能舉否。命大史陳詩以觀民風，市司納賈以觀民之所好惡。命典禮，考時日、同律、禮樂、制度、衣服，於是乎行慶讓黜陟之典，以序在位，而天下肅然奉王朝之法度焉。又於所至之地，遍祀群神，柴望山川，問百年者就見之。以誠敬帥天下，故其治捷於桴鼓影響。後世不過游覽山川娛心志悅耳目，其於侯伯之臧否、民生之休戚如越人視秦人之肥瘠，一無所動於其心。供億無算，徒爲民殃，孟子所云「流連荒亡，爲諸侯憂」也。

聖人通天地之德，達於鬼神之情狀，故制祭祀之禮。天神則天地、日月、風雲雷雨、山川、社稷、五祀也，人鬼則祖先以及聖賢之爲君卿大夫士者。其祀之也，天子祭天地五嶽、四瀆，諸侯祭封內之山川，大夫祭五祀。天子七廟，諸侯五廟，大夫三廟，士二，官師一，庶人祭於寢，此其貴賤也。至其中節目之詳，二代既不可考，周禮諸禮經所記不同，且或略而不備，非聖人其孰能定之。

三代以後，天地山川、古聖先賢帝王卿相之祀，猶時舉行。宗廟之祭，天子七廟雖不能盡復古制，而其禮猶存。至宰相以下，所謂五廟至一廟者，數千年不得復見矣。而仕宦之家率不留意於此，能遵朱子家禮祠堂之制以盡其孝思者，吾見亦罕矣。嗚呼！喪祭之禮不行，而天下又安得有眞仁人孝子也。

祭禮久廢，而近世每竭力以事僧道二門之邪鬼，以求免於冥禍，而爲來生積福田利益。雖貴居台輔，博學能文，猶未能洞然於當祭不當祭之故，而毅然信韓子「人其人，火其書」之確。至於己之祖宗，或竟不立廟以祀，或祀之又簡略不敬，其有合夫婦男女以享於祖考者誰乎？而貴家婦女競入佛寺上香隨醮，恬不知怪，何其悖也。

「天子犆礿，祫禘，祫嘗，祫烝」，是三時皆祫也。「諸侯礿犆；禘一犆一祫；嘗祫；烝祫」，是三時有祫有不祫也。蓋廟制多寡大小既不同，而時祭之禮亦分隆殺，乃所以別尊卑之等也。

問：祭天地，用明水以爲酒，陶匏以爲器，繭栗以爲牲，爲圜邱方澤而不立宮室，何也？曰：天地者，萬物之始也。酒始於玄酒，器始於陶匏，牲角繭栗則幼稚而無牝牡相求之心，設壇墠以象開闢之初，皆貴質而不貴文，以見至尊無上之意也，故不立宮室。

問：天地，萬物之父母也。故豺獺亦知祭魚獸，而諸侯以下反不如豺獺之得各伸其敬，何也？曰：此支子不祭之禮也。天子乃天之宗子，其氣與天地通，故獨天子祭之，而餘不得祭焉。

張子曰：「『禮儀三百，威儀三千』，無一事而非仁也。」曲禮曰「毋不敬」、「禮儀三百，威儀三千」，無一事而非敬也。仁其所以然，敬以盡其所當然也。

敬者，千聖之心法也。虞書論堯德首「欽」、舜德曰「溫恭」；商頌咏湯曰「聖敬日躋」；周頌歌武曰「執競武王」；而孔門論敬又甚詳，論語之「修己以敬」，大學之「緝熙敬止」，中庸之「戒愼恐懼」，皆以是爲教焉。至有宋程、朱又發明其旨，無纖毫遺蘊。學者當無時無事而不用力於此，以全天命之本然也。

大學三綱領八條目，皆是一「敬」字貫到底。

周制：郊祀天，以后稷配。宗祀帝於明堂，以文王配。郊祀以致尊之之意，宗祀以致親之之意。天帝異名，祖父異配，其義至精，信乎非周公不能爲也。

月令出呂不韋與諸儒所輯，其義雖疏淺而大綱小紀亦有可觀。蓋天子一身與天地通，天有春夏秋冬，人君有禮樂征伐。賞慶刑威一不順乎時令，皆足以傷天地之和、乖陰陽之氣、戕民物之命。故十二月間所居所食所衣與夫政令之所布所以令，三公九卿諸侯以及萬方之民與內而六宮及諸侯卿大夫士庶之妻，莫不各順夫春夏秋冬之宜，以盡其職之所當爲。至日，短至爲陽之始，長至爲陰之萌，其所言修身寡欲以培養陰陽之氣者，尤兢兢焉。王者酌而行之，則亦位天地育萬物之助也。

中庸言「致中和，位天地，育萬物」渾而該，月令所記似詳而實略。

君子於二至，必「齊戒，掩身毋躁」，身心一於敬也；「止聲色，毋或進；薄滋味，無致和」、「禁嗜欲，安形性」，絕乎欲所以養其性也。君子主敬、克己，無時不然，而必致嚴於此者，蓋子半陽之始，午中陰之萌，故必保其陰陽之氣，而不使傷於幼稚之時。又陰靜陽動，使各安其性，而不使之相爭以致乖氣，此燮理陰陽之事也。

禮記言喪禮檀弓、曾子問、喪大小記等十餘篇，祭禮祭法、祭義、祭統諸篇，節文不無參差異同而大綱自善。有聖人焉彙爲定制，以成一代之制，俾貴賤各有常典，庶愼終追遠之禮可行於天下也。

喪制大可疑者，父在不得爲母三年，降而從期，義取尊父，而人子之心所大不安。妻者，齊也。雖有剛柔之異，似與君臣父子不同，況子爲其母三年何損於父，而必爲之降其服耶？於齊麻之間別其差等，其義已明，必降期似爲已甚。又妾生之子，適母在不得爲其母服，亦似逆於人心自然之理。又叔嫂無服以遠別也，夫服之以義起者多矣，叔嫂豈遂疏如行路，而於其死也漠然不一動念乎，將必有不安於心者矣夫。其不安者，乃服之所由制也。此三者疑非百王不易之法。

三年之制，記有即於大祥除服者，有二十七月而除者。漢以下至今率以二十七月之說爲正，而近日士大夫於二十七月後不即除。雖遵制，丁憂起復，而猶冠素冠衣白布，至四忌之辰方易吉服。愚民皆從之，甚爲踰制。夫踰制豈可以爲孝乎？況今之居喪者，於服中飲酒、食肉、作樂、娛賓、御內一無所忌，而獨於衣冠間欲過於先王之禮、時王之法，不亦惑乎。又有孫於祖喪、姪子於伯叔父喪皆三年，以爲尊家長之禮。又女已嫁，於父母家喪服俱不降。此皆其所宜急革者也。

古者祭必有尸，蓋謂祖孫一氣，故以孫爲尸，服先祖遺衣，服以像先祖而爲神所依。愚自少便疑此禮，明子孫也，而僞爲祖父，衣其衣，食其食。夫未祭之先，灌酒以求神於陰，燔蕭合脂以求神於陽，至九獻之時其所設之犧牲、酒饌，冀神之饗之也，故鬼神食氣曰「歆」。又使尸與神並飲之食之。尸自尸，神自神，不能強合也。將謂既散之游魂無所憑依，然已立之廟爲之主矣，既依主，又依尸，將使神何所屬乎？且以子弟列於上，而使父兄拜於下，則必有愀然不安者矣。又祭外神俱用尸，愈非祖孫一氣之可比。故用尸雖古禮，疑非百世不易之典也，俟有道者正之。

「天子祭天地，祭四方，祭山川，祭五祀，歲遍」，而自諸侯以及大夫則其祭漸減。蓋尊可以兼卑，卑不敢以僭尊也。

狄梁公毀淫祠七百餘所，而留者惟太伯、吴季子、伍員數廟，眞傑舉也。近世於祖父之祭全不講究，而各處俱有淫祀，耗費民財無算，此亦在上者所宜留意也。

「博聞強識而讓，敦善行而不怠，謂之君子。」聞識，知之事也，欲其博。博則易驕，故持之以讓；敦行易倦，故勉之以不怠。皆所以矯其失也。

人情責人易刻而自處多疏。「君子不盡人之歡，不竭人之忠」，乃見忠厚之至。

「凡爲君使者，已受命，君言不宿於家」、「使人於君所，必朝服而命之；使者反，必下堂而受命」、「君命召，在官不俟屨，在外不俟車」，不必畏君之知也，盡此心焉而已。故曰：「不爲昭昭信節，不爲冥冥墮行。」

古者人君「式黃髮，下卿位，入國不馳，入里必式」，其敬老尊賢愛民之心無時無地而不存，即一乘車而全體畢見於此也。

過卿位而後登車與「袒而割牲」、「執爵而酳」，德盛禮恭而忘勢之至。以此遇其臣下，有不視其君如元首者乎！自暴秦制爲尊君卑臣之禮，而此義遂成廣陵散矣。

孟子教人求放心，不惟顯背於仁義者爲放心。試靜驗此心，不能常如湛然虛明氣象，終未得爲求放心之學。

古禮曰「君子抱孫不抱子」，而曲禮遂謂「孫可以爲王父尸，子不可以爲父尸」，是因可以爲尸而重孫也。夫以服制論之，子之重於孫明矣，祖孫父子雖一氣，而淺深厚薄不能無差等。人心自然之理，聖人非有所強也。乃以孫將來爲己尸而抱之，以子不爲尸而不抱，豈非逆理之甚乎！觀蓼莪詩「九我」之義，父之愛子何所不至，而反以不爲尸之故而不抱乎？禮經之言不可通者甚多，以義裁之可也。

「居喪之禮，毀瘠不形，視聽不衰」、「五十六十不毀，七十惟衰麻在身，飲酒食肉，處於內」、「有疾飲酒食肉，疾止復初」，此皆爲賢者言之也。不肖者居親之喪，肆情縱欲無所不至，而賢者或以悲哀已甚，守禮過嚴，柴毀骨立以致滅身，則反不能終親之喪而衍親之嗣矣，況立身揚名以顯親哉！故先王制禮必爲之節，而不使過也。

「禮不下庶人」，曲禮本因「國君撫式，大夫下。大夫撫式，士下」而及之。近世遂執此以爲禮專爲士大夫而設。不知庶人雖愚賤，其禮不如士大夫之詳備，然仰事俯畜，接鄉黨姻親，事長上待卑幼，以及冠婚喪祭諸事豈可一日廢禮！故古者庠序之教，讀法飲射非專屬士也。自上不率民以禮，群相習於「禮不下庶人」之說，以至風俗彫敝，民不興行，比屋可風之治遂不得復見於天下也。

「父之讐，弗與共戴天。兄弟之讐，不反兵」，言其必報之意耳。要之士師自有常法，爲子弟者亦當相其時勢而行之，不則立意雖善，或反罹於罪矣。

「君子戒慎，不失色於人。」凡臨喪而笑，望柩而歌，哭日而歌，執紼而笑，當食而歎，臨樂而歎，介冑而無不可犯之色，皆失色也。惟「未同而言」、「脅肩諂笑」爲失色之至。凡媚人者皆有所爲而爲者也。近見脂韋成風，有一無所爲遇富貴者而輒媚，甚不可解。

記：「逮事父母，則諱王父母；不逮事父母，則否。」此禮之難通者，故註曲爲庶人之說以解之，不可從也。

古禮不諱嫌名，二名不偏諱。詩、書不諱，臨文不諱。今惟不諱嫌名而已，餘上章及考試一切諱之矣，此禮文之密於古人處。

聖人制禮，別嫌明微，所以杜殺機也。男女不能無欲，縱欲則瀆倫，瀆倫則殺機伏焉。古者男女自幼不同席，不共食。比長不同椸枷，不同巾櫛，不親授受。女子已嫁而反，兄弟弗與同席而坐、同器而食。父母歿，則終身不歸寧。聖人於男女之別其嚴如此，使後世一一守之不違，則齊襄、文姜之獸行何以遺臭千古，而魯桓、齊襄何以不旋踵而死哉。甚矣！禮之爲利普也。

少事長之禮，記言之甚詳，朱子悉錄之小學中。今世父師率不以教其子弟，而惟以應制八股爲事，子弟自幼便驕矜成性，則長益踞肆。

朱子小學雖曰「爲教小子而設」，然立教、明倫、敬身三綱領貫全部，雖大學誠意正心修身齊家之道，寧有外於此乎？故魯齋先生曰：「小學一書，吾敬之如神明，愛之如父母。」

周子太極圖說曰：「定之以中正仁義，而主靜。」仁義中正即元亨利貞之理也，而其功總歸於主靜。蓋即中庸之所謂「致中」、孟子之所謂「立大體」。程子於江中風浪洶湧，端然危坐。人問之，曰：「心存誠敬耳。」蓋無時不用主靜之功於此可見。

朱子疏奏曰「古先聖王兢兢業業，雖在紛華波動之中、幽獨得肆之地，而所以精之一之，克之復之」，未嘗敢有須臾之怠。蓋人心之熾、天理之微，不於紛華相臨之時，則於幽獨無人之境，二者最難持，而聖狂、人禽之幾實判於此。朱子指而言之，萬世學者各宜奉爲龜鑑也。

佛老專在心上用功。孔、孟、程、朱未嘗不言心，但佛老之學以虛無爲主，則止是氣，儒者言心即不離理，所以迥乎不同。

程子曰「形而上爲道，形而下爲器，須著如此說」，言理氣不得不分也；曰「器亦道，道亦器」，言理氣不得不合也。曰「但得道在，不繫今與古、己與人」，言古今人我渾淪在一道中也。

問：程子亦言「生之謂性」，何也？曰：程子「生之謂性」與「天命之性」對舉而言之，以所稟受之氣言。如云「性柔緩、性剛急，生來如此」，是以氣稟之不同者言之，而非即以此爲性之正也，故又曰「性之理則無不善」，非如告子之說也。

孟子一生言「性善」，止是於子思「率性之謂道」「率」字看得精細，故於天命之性見得眞切。然子思因體以知用，孟子因用以悟體，其義一也。

朱子釋「仁」字有兩處說得盡：曰「仁者，無私心而合天理之謂」，又曰「仁道至大，非全體而不息者不足以當之」。「無私心合天理」從「克己復禮」句會得，「全體不息」從「至誠無息」句會得。

問：曾點、漆雕開，程子皆云「已見大意」，如何？曰：「大意」，大底意思也。自天地而言，時行物生，並育並行，此道也。自心而論，仁義禮智，溥博淵泉而時出。堯舜之揖讓，湯武之放伐，周公之制禮作樂，孔子之刪訂贊修、仕止久速各當其可，莫非此道也。曾點與開皆有見於此，故點之言志異乎三子者之撰，開於夫子之使仕則不欲從。曰：然則二子果無別與？曰：點所見較高曠，而不如開之篤實；開求道甚專切，而見地較拘迫。天分不同，氣象亦異。曰：二子比顏子「如有所立卓爾」，何如？曰：皆弗如也。顏子「博文約禮」、「既竭吾才」，其於斯理也，見之明而守之固矣。其未至於聖人者，猶未離乎思勉而與之化也。故用舍行藏，夫子曰「惟我與爾有是夫」；其於爲邦之問，則以虞、夏、商、周之事告之，非如二子之僅有所見比也。曰：二子欲學顏子，當如何？曰：大學之「格致誠正」、中庸之「擇善固執」盡之矣，及其至也，雖孔子可幾也。

程伊川先生釋「明夷，君子以莅衆，用晦而明」句云：「不極其明察而用晦，然後能容物和衆，衆親而安，是用晦乃所以爲明也。若自任其明，無所不察，則已不勝其忿疾，而無寬厚含容之德。人情揆疑而不安，失莅衆之道，適所以爲不明也。」伊川此段極得聖人「用晦」二字之妙。蓋陰陽合德，動靜互用。明則陽動也，晦則陰靜也。明，知也；晦，仁也。以之修身，則可以蓄德汪洋如萬頃之波；以之莅衆，則人安其化。嗚呼！不有秋冬之收藏，則無春夏之盛長；不有蒙汜之入，則無湯谷之出。聖人之精義，非程子其孰知之。

無極太極不是兩物。以其至虛而言，則曰無極；以其至實而言，則曰太極。虛即實也，實即虛也。中庸曰「視之而弗見，聽之而弗聞，體物而不可遺」，此之謂也。

自古無放心聖賢，一念不謹，慾焰燎原；一行不慎，萬事瓦裂；一時不戒，前功盡墮。十日養之而不足，一日喪之而有餘。終身齋戒沐浴，念念祗載上帝，一夕蒙不潔，人人掩鼻而過。曾子曰：「仁以爲己任，死而後已」、「『戰戰兢兢，如臨深淵，如履薄冰』，而今而後，吾知免夫」。嗚呼，念哉敬哉！

愚嘗寄友書，謂「六十四卦、三百八十四爻皆寫中庸『時中』二字之妙」，觀程子「看易且要知時」語，正與愚見暗合。

程子問邵子：「知『易』數爲知天，知『易』理爲知天？」堯夫云：「還須知易理爲知天」。邵子深於易數卻如此說，即此可見古人見理透，更無一分客氣。

程子見賣兔者曰：「只看此兔亦可作八卦，數便此中可起。」足見仰觀俯察，遠求近取，在在可作圖書觀也。

程子見兔云「亦可作八卦數」，邵子曰「須信畫前原有易」，易序曰「易之有卦，易之已形者也。卦之有爻，卦之已見者也。已形已見者，可以知言。未形未見者，不可以名求」，即此見先賢會悟之妙。四聖不沾沾倚圖書作易，先賢亦不沾沾倚卦爻釋易，圖書、卦爻之外自有易焉。嗚呼，至矣！

伏羲先天因河圖數而起八卦，文王後天亦因河圖而易卦位。文王彖卦、周公象爻，孔子十翼剖析三聖之秘旨。程、邵、朱三子皆潛心卦爻、十翼之旨，而後能神明於易。如謂不倚圖書、卦爻，將使人恍惚無所執守處，此惟深於易者知之，非初學所能及也。

朱子於河圖洛書皆以「中五」爲太極，又以先天圓圖中間白處爲太極。玉齋胡氏謂「乾實分陰陽而無不君宰」，則乾實六十四卦之太極也。近日安溪李公兼此二說，其有所本矣。

邵子云：「先天之學，心法也。圖皆從中起，萬化萬事生於心。」朱子曰：「其中間白處便是太極。」按：河圖五、十居中，洛書五居中，說者皆以「中五」爲太極。朱子以中間白處爲太極，指小圓圖中間而言，是所以生兩儀、四象、八卦之本也，便是「中五不用」義。兩儀未判，則兩儀已包於太極之中；兩儀既判，則太極即寓於兩儀、四象、八卦之內。無一非太極，而太極仍然至虛至一、無聲無臭。故去五、十不用，正見無一非五、十之理。猶人之一心健順五常，酬酢萬變之妙無不具於其中，所謂太極、所謂中間白處，故邵子云「先天之學，心法也」。

伏羲大圓圖外圓內方，取天包地外、陽動陰靜之義，非以中間方圖爲太極，爲中間白處也。故周子立太極一白圓圖居最先，次圖分兩儀四象，俱包一太極中，與中間白處義同。朱子欲移方圖於圓圖之下，即以中間白處作太極之理，與周子太極次圖中一小圈意正相似。

先天圖精微奧妙，非聖人不能作。朱子云「不起於邵子、希夷，以前原有」，又云「非邵子、希夷之說，乃孔子之說」，其信之也至矣。世之學者不能究厥旨歸，乃疑爲異氏之所傳授而無關於易，不惟不尊考亭，抑亦於大傳釋先天圖處未及詳察也。

先天大圓圖乃宇內奇觀，古今至寶也。由一日十二時推至一月三十日，由一月三十日推至一歲十二月，由一歲十二月推至古今元會運世十二萬九千六百年。天地萬物之盈虛消長，無不統具於一圖中也。非邵、朱二子發之，孰知神聖之廣大一至斯乎。

問朱子論先天大圓圖陰陽剛柔順逆之說，曰：圓圖外圓而動，象天，故以爲天之陰陽。中方而靜，象地，故以爲地之柔剛。震、離、兌、乾，以圓圖言之則左旋，以方圖言之則居一、二、三、四之位，故曰「天之陽、地之剛」。巽、坎、艮、坤，以圓圖言之則右旋，以方圖言之則居五、六、七、八之位，故曰「天之陰、地之柔」。在天者一順一逆，陽順而往，陰逆而來。在地者有逆無順，則乾居西北自下而上，坤居東南自上而下，皆逆也。或曰：在天之有順逆，朱子所云「猶自今日追數昨日，自今日逆計來日也」；在地之皆逆，朱子所云「橫圖皆逆也」。

已上自雍正癸卯至雍正丁未（註三）。

校記

一　「育」，原作「有」，據屈氏刻後增修本改。

二　「祔」，原作「祖」，據屈氏刻後增修本改。

三　「已上自雍正癸卯至雍正丁未」，原闕，據屈氏刻後增修本補。

遺文補編

隨處體認天理解（註一）

劉鳴珂

宋儒李延平先生有云：「學問不在多言，惟默坐澄心，體認天理。」明湛甘泉廣其言曰：「隨處體認天理，此諸儒之要旨、聖學之階梯也。」

或曰：天理無爲，人心有覺。氣稟之殊，陰錯陽駁。原分派別，大道以渺。天理安在？茫無附著。曰：子亦知天理之蘊於一心而察於上下者乎？無極太極，萬象根底。妙用曰神，主宰曰帝。氤氳化醇，渾浩無際。極之星辰燦爛，日月交暉。江河浩邈，太華崔巍。莫非二五之精，鬱勃而爭輝。其在人也，仁義禮智，是曰五常。萬感俱寂，萬理畢藏。儲靈毓秀，天理聿彰。至夫虎狼之仁，蜂蟻之忠。雁行先後，雎鳩雌雄。頭頭是道，天地化工。理固如此，左右源逢。

或曰：君誑余也。理無人而不具，何舉世其皆迷？果所爲之不力，抑天命之難齊？余曰：

吁嗟乎！人心惟危，道心惟微。衆人蚩蚩，情欲是依。其與存者，嗚呼幾希。刑名法術，百家衆技，於術日工，於道日離。至於騷人韻士，登山臨水。窮年記誦，誇多鬬靡。玩物喪志，厥性乃毀。若乃靜萬類之紛紜，戒往來之憧憧。奉天君而爲宰，窮事物之始終。寂然不動，感而遂通。此體認天理之本也。

曰：然則君子之學也，將徒求之內乎？曰：唯唯否否。已發非後，未發非先。顯微無間，體用渾然。春風沂水，童冠周旋。上下活潑，鳶飛魚潛。或觀物理於案上，或悟生意於窗前。或上山遇雨而釋夙昔之疑，或渡江中流而存誠敬之天。或借穀種以言心，或觀鷄雛而識仁。或風月是好，或游魚是珍。此造物者之無盡藏也，而有心者之所共識。彼湛氏於延平之言益之曰「隨處體認天理」，良有以夫子。今者乃欲舍外而求內，事無而遺有。因功力之多舛，疑天人之授受，是所謂以一人之不能，而使天下之人皆昧昧焉，自外於天理之正而不覺也。悲夫！

景序云：「隨處體認，成砭身集數卷。」予父素有此解，恰好包羅此集。附刻於末，即以爲跋也可。予父生康熙丙午六月八日，卒雍正丁未八月十二日，以茂材終。男泰謹識。

炎洲原先生傳（註二）

劉鳴珂

先生名永貞，字芥夫，號炎洲，姓原氏，登己卯鄉薦。性沉毅，尤穎敏善記。父錦，邑名宿也。於公髫齡，即教以五經、左史及唐宋八家之文，且口授唐詩數百首，曰：「學者當出經入史，縱橫藝苑，毋徒作俗諸生也。」公尊嚴命，自少至老，未嘗晷刻釋卷。古文詩歌，偶一拈題立就。存心制行，一以仁厚爲本。父早逝，事母屈氏，備極色養。處幼弟祐之、慶之，怡怡而不聞誶詬聲。胸無城府，客有嘲其不合時宜者，公笑而銜之而已，客慚退。生平誨人不倦，出其門者甚夥，人方之「蘇湖模範」焉。所著有小學考六卷、覆瓿集四卷、家乘二卷。生於順治四年初二，卒於康熙四十九年七月。其子庠生文彩，爲公廬墓三年云。

秦翼明先生傳（註三）

劉鳴珂

秦一藩，號翼明，萬曆壬子舉人。歷任太平知縣，升河南同知。逆闖據長安，□至□□，入山，歸家縱酒高歌，不復求仕，絕長吏交接，後因吳□屠城遇害。

申月山先生傳（註四）

劉鳴珂

申宗德，號月山，萬曆己卯舉人，世居洛水之濱普濟里。性篤厚靜藏，語言吃吃。少失學，年二十餘始師事學生竇汪。呫嗶之聲，日夜不輟。經書記誦，不遺一字。終弗能握管爲文，竇先生遣之歸。至洛水，臥觀水波文，忽大悟。此後作文，倚馬立就。一試，即冠軍。督學極賞歎，以爲於八股中得一隱逸之士。教授生徒，不喜多講說，每示以悟機。聞鵲噪聲，曰：「此鳶飛魚躍機也。」公輒得意無狀，以示門人，多不解。鄉試，與富平少保孫公爲同年友。會試一二次，不售，遂無心印綬，吟風弄月，詩騷自適。孫公屢書招之仕，答曰：「性好潔成僻，北來一路，塵土污人，所不願耳。」遂徜徉林泉，以歿世云。

屈祥門先生墓誌（註五）

劉鳴珂

屈必旦，字祥門。嘗曰「惟儉可以助廉」，故號儉庵。生於明萬曆間，弱齡就傅，八月能文。其高祖父、伯叔、兄弟多科甲名宦，世沐國恩。必旦遭時不偶，鼎革後隱城市間，終身爲布衣，飭於行，簡於辭，不輕以色笑予人。銘其堂曰「愼起居，謹言語」。以故賢者尊之，不肖者服之。有稱其「孝且弟」者僉謀舉以相賀，必旦愀然曰：「孝弟之稱，必父兄不慈，友爲子弟者，不失其爲孝弟，乃爲可稱耳。今諸君欲使某以善自居，而陷父兄以不義，何孝弟之有？」事遂寢。性好讀書，每篝燈不輟，蓋於古今成敗人事得失，確有定見焉。子北雄，後易名復。（墓誌，劉鳴珂撰。）

伯母原孺人墓誌（註六）

劉一德

此一德伯母原孺人墓也。伯母爲伯父伯容公眞正糟糠。伯父曾欲傳，未果。壬申，大荒，壯散四方。伯母與予前母張灌穀接老幼，不給，然從未聞自道其功苦。年愈五十，子媳四，食指幾百，猶時執井竈，勤針指，黎明便起，方睡即止燈，竟日無言，惟聞紡織聲。伯父有詩云：「阿妻大異買臣婦，不悔當初誤迎槎。」性仁厚，神淡遠。胸無藏宿，喜笑怒罵在乎若有若無間。辛苦一生，窮約半百。恨有餘，報無一。嗚呼傷已！伯父孩提交某某者，浪迹無所。其母老且病，伯母扶持數月，蠅炎不避，敦友誼即以相夫子也，而乃以艱難終，亦獨何哉！敬姜曰：「君子能勞，後世有繼。」若伯母者不可謂之能勞乎！父孝廉炎洲先生，仁厚醇樸，淹雅博學，所著小學人物考已載大清國史。母氏屈，魁梧仁嚴，有古人風，山西壽陽公孫女。子五：長觀，次泰，予其季爲叔父祧，四履，五堯欽。女三。內外孫支，男女約五十人。壽六八，生康熙辛亥，卒乾隆戊午。

銘曰：縣城西北，多葬大家。地脉形勝結聚，不曰寸寸金，則曰樹樹華。予無取乎此也？予第取兆連外祖之兆，骨肉冥冥不奢，從此瓞綿綿之瓜。

不孝子劉一德敬識。

三奇紀（註七）

劉一德

不求奇，奇固奇；求奇，奇則更奇。奇奇偶，固奇；奇奇常，則更奇。然非奇奇偶，則不知奇奇常更奇；非奇奇不求，則不知奇奇求更奇。

予馬二黃一黑。一黑生子先，黃次之。子方產，母忽死。予目睹無聊，奔告予祖母和。祖母和下床，著裳持杖。扶予至廄，告馬如告人曰：「黑馬，爾子子，黃馬子亦子。爾子生，爾心忍黃馬子獨死？」且謂廄者曰：「此駒自應此馬乳，乳則可，不乳則其子亦不准其乳，寧同死。」即命扶至乳間，不但乳以乳，且嗅以鼻也。旦日，予折花一丸先生園，以告先生。先生曰：「此固令而行者也。不令而行者，爾小子獨不聞乎？十餘年前，爾家有二鷄，一黑一白。白哺雛，雛方隨其母游而母乃死。黑鷄俄至，竟連聲有哀憫狀。群兒亦唧唧向死母，若蚩若懼若無恃。不謂黑鷄之代哺其雛如己雛也，而雛各以成。」歸，詢祖母，果不誣。祖母和，年十三于歸予祖不群山人。高士翼之公女、詩人子新公姪孫女、鳳閣曹公外孫女，孝廉剛中祖姑。壽八二，女一，從屈。子二：長即著砭身集者，予生父；次即著邵堯心法者，予父。內外孫支，男女約七十人。

乙亥夏，予母雷即世，苫次，與長嫂景偶話及鷄、馬事。嫂曰：「馬奇，鷄奇，狗更奇，叔獨不記乎吾家：一狗黑，老；一狗黑白兼，少。與之食，同在則同食。少在則出招老，老在則出招少，如是者蓋有年。鷄、馬特偶耳！嫂言及此，予忽若目睹者。嗚呼！陳狗待予家，狗招董鷄哺狗。予家狗招狗，鷄撫群孤，不相同實無不同，然特撫孤耳，使其撫孤之孤不更奇乎！事遠人遙，今不猶昔。嗚呼傷已！

一丸先生者，張其姓，一丸其號也。予東隣，亦予西隣。花木松菊，有淵明風。手持丸石，石色五，或潤以花間露，或染以柳上汁，故自號丸云。劍華雷先生有詩云：「一丸石氣隱青紅，二十年來手未空。剖得君家忠孝印，袖中不說米南宮。」先生依南窗看雪，碧梧下鏗然有聲，則一丸也，蓋鳥啣者。

予第紀馬騶虞耳。夫騶虞固，惟恐人不道其實者也。以景序有鷄奇，故附此。

先外王父從父弟妹六七人，皆少孤。或五六年，或四三年，長者僅一紀，少不及再周歲。康熙辛未壬申間，歲大祲，外王父及外曾王父散於外。其茹草啖糠而撫之以有成者，外曾王母和也。厥後，次孤之女生，六月而母死。時外曾王母年幾花甲矣，又以勞抱痼疾。議所以撫之者，顧諸姪婦皆難色，遂又自撫之。夜縛棉作乳形，浸牛羊乳。乳之飽，而枕諸臂，以己空乳覆其口，以待其寐，得不死，五世同居百口共爨。此三奇之所由來也。和氣致詳，理固然與？吾母每述之而涕泗橫下交頤也。屈筆山識。

義狗傳（註八）

張洪勳

渭水之北，有邑曰蒲，古三輔地。浮山峙於西北，沮水□於東南。五陵飛嵐翠，灘渚鳴鶴鶩。男耕女織，俗美風淳。而文章事業、節義功名，代不乏人。大冶以正氣毓賢，更以餘氣孕物。有兩狗焉。其一，邑東農民張永昌所蓄也。昌僦予別院，家焉。崇禎庚辰歲，奇荒，斗粟千錢。夫噉妻屍，父食子膾。昌乘夜逃荒，惟狗獨留。予家婢見狗垂頭喪氣，憐而飼之，狗不顧。又豐其餐，狗終不顧。鞭之，不起。越三日，僵於閾下。予聞而義之，令僕□於野而封焉，嘉其操也。其一，劉芳遠所蓄。國初，大兵過邑治，四野驚竄，芳遠挾妻孥夜走，狗亦隨行。遇邏騎，遠被殺，兩子逃伏草澤中，獨狗在屍旁，兵繹絡不絕七晝夜，其狗以舌餂遠身血痕，苦守不離。鳥鵲至，吠之；狐狸至，吠之。四蹄翻土，有掩伏狀，不食者七晝夜，遠屍得不毀。兵退兩子至，狗搖尾迎之，扶櫬抵家。家人炊粒食狗，狗精力竭於七日之守而不能咽也。移時死，瘞於野而封焉。抑何忠也！嗟乎！掉唇擺尾，猙牙瞪目，垂死之時，猶憶主人公耶。昔者宋徽宗春游，見鸚鵡思歸，令六宮盡放之。一日中貴郭浩奉使入蜀，路出秦、隴，聞木土鳴呼數四，曰：「郭老翁，郭老翁，皇上安否？」浩按轡仰視，從容答曰：「皇上晏駕矣！」鸚鵡喁喁，作慟哭聲。梁武帝蓄佳猴數十輩，令供奉局教習，般演排場。每梨園戲奏，衆猴袍笏束結，依韻拜舞。後侯景破石頭城，仍令供奉宴群臣。衆猴纔著冠履，仰視，非武帝，皆裂裳號泣而散。今狗乃若此，可與鸚鵡、猿猴並傳矣。故大書之，以愧世之靦然人面而無狗心者。

劉鳴珂贊曰：逆闖鼎沸也，張國紳以吏部授政府，牛金星以孝廉拜太師，惠世揚以侍郎同平章事。開門而迎者，兵部張縉彥也。倒戈而降者，總兵唐通也。稽首新主者，項煜、周鍾也。嗚呼，洋洋大塊，求如二狗之忠肝義膽，可得哉？

校記

一 錄自屈氏刻後增修本附錄。

二 錄自清汪元仕修、何芬纂：康熙蒲城縣續志，康熙五十三年刻本。

三 錄自清汪元仕修、何芬纂：康熙蒲城縣續志，康熙五十三年刻本。

四 錄自清汪元仕修、何芬纂：康熙蒲城縣續志，康熙五十三年刻本。

五　錄自清周爰諏蒲城獻徵錄卷下，民國四年刊本。該文源自劉鳴珂爲屈必旦所撰墓誌，因未見全文，故暫題名爲屈祥門先生墓誌。

六　錄自屈氏刻後增修本附錄。

七　錄自屈氏刻後增修本附錄。

八　錄自清汪元仕修、何芬纂：康熙蒲城縣續志，康熙五十三年刻本。

附錄

一　序、弁言、說、題

砭身集序（註一）

景嵩

言語者，性命之符也。予處蒲之西南，伯容處蒲之東北，各自潛修不相知也。伯容不知予，予無可知；予不知伯容，伯容不求人知。闇然君子，固不易知也。

康熙壬申，西安大荒，蒲爲甚，免死不得，立信者其誰乎？延安，樂土也。予攜家就食，因館其地。一日，之柏林佛寺。寺之僧告予曰：「乾坤何等時也，竟有方寸不亂如劉伯容者。貧衲一日放眼山門，見其身傍古柏，手披袖本，有旁若無人之概。問之，劉其姓，伯容其字爾，蒲之幾死於餓者也。衲曰：『求生不得，還讀甚書？』伯容曰：『該餓死，不讀書也死；

不該餓死，讀書卻不得死。』問答間，忽有富翁路姓者聞而異之，詳所由來，即欲辭其子之師馬姓者而延伯容。伯容曰：『爾延我，我生；辭馬，馬死，寧我死。』伯容自愛，路更愛伯容，不置也。未幾，馬忽病且死，遂延伯容。伯容曰：『馬先生，韓城人。韓亦大荒。今馬不祿，妻子在，歸亦死，不歸亦死。爾能養其妻子，待年豐送歸，並其柩，我即應爾，不則不也。』路聞伯容言，益欽服，乃一一如命。伯容至其家，派學生値日支應馬妻子。間有惰者，輒責之。伯容生而馬先生妻子亦不死，伯容眞出世彌陀也。」余聞和尚言，不禁心折。和尚者，倩人閒也。倩人，六月死而異香滿屋。伯容荒年行而節凛冰霜，如伯容者，獨不可爲之執鞭乎！及見其人，則和平大雅，如在春風者也。自是遂定交。或把酒談心，或聯牀風雨，或辨難失色，旋復變嗔作喜，蓋數十年於茲矣。特恨其著述之不多耳！

夫伯容潛心程朱之學者也，當十八九歲時，與弟仲昭、屈子悔翁、佩玉同訪「關中三李」，然亦不聞其師「三李」也。厥後仲昭舉於鄉，悔翁以詩酒周行不反，佩玉死無歸，而伯容殯。伯容則矢志程朱，隨處體認，有所得即筆之於書，成砭身集數卷。躬行心得，流於既溢，識者自百讀不厭耳。當伯容設帳柏林，倩人誘伯容以佛，而伯容自儒。伯容歸倩人以儒，而倩人自佛。倩人，佛耳。余向非倩人，則無從知伯容也。予知伯容之人，讀伯容之書，則凡讀伯容之書者，自能即其書以知其人，知其人益讀其書也，豈必待予言哉！伯容父克佐先生有句云：「借問當年程伯子，觀物何似靜中天。」蓋淵源有自矣。母和太君苦撫群孤，化及異類。哺雛之鷄死，他鷄代哺其雛如己雛，而雛各以成宜。伯容之加人一等也。伯容砭身集曰：「古人高山景行，處處皆是。吾仁厚不及吾父，寬洪不及吾母，沉靜淵默不及吾弟。一門之內，皆我師也，況古人乎？」又曰：「天地人物，本是一個物事，只是多一殼子耳。」旁註云：「壬申，避荒至洛邑，臥於大樗之下，仰觀天，俯察地，悠然有會，因援筆書此。」嗚呼，伯容，何如人也！讀其書不見其人，奈何，奈何！雍正十年壬子仲春，南阜山人景嵩中峰氏拜撰。

弁言（註二）

劉泰

伯容有志聖賢之道，隨處體認，心有所得，輒付之楮，積久成書六卷。其意大約以正心誠意爲指歸，而其於天人、理欲、王霸、儒釋、朱陸之分，辨之極精，蓋庶幾乎可以登程朱之堂焉。

右段係通志所摘子箴王先生序，以全序隨集投上憲，底稿未存，故仍照志所摘刻，冠集首焉。男泰識。

梓砭身集說（註三）

屈筆山

辛酉七月，筆山赴銅梁令，拜別舅氏於長安西郊，屬繕寄外王父所著述到蜀授梓。未幾，外艱歸，不遑也。丙寅，補晉之交城，土瘠年荒，心勞撫字，方思議及前事，而已改教西寧矣。憔悴寒氈，祿入支家累之半，念砭身一集於諸書爲最要，而工猶較減，易舉也。勉而梓之，以作嚆矢，聊以慰母懷爾，表章云乎哉！屈筆山敬識。乾隆十七年仲春穀旦。

題砭身集寫本（註四）

賀瑞麟

伯容先生之學，恪守程朱者也。所著砭身集六卷，精切確實，不爲高遠空闊之談。吾鄉自朝邑王復齋先生後首推先生，然今人知之者蓋鮮矣。光緒戊子，吾借鈔一帙，並敘先生學行續入關學，俟有刻者。其鄉丁生樹銘亦愛而鈔之。生於此書能熟讀精思，即以先生之窮理力行自勉，始不負生先生之鄉。而先生所著又有易及大中各疏義，或能求而得之以表於世，亦後來者之責也。生其有意乎？爲書卷首以竢。

校記

一 「砭身集序」，屈氏刻後增修本作「來風亭砭身集序」。

二 錄自屈氏刻後增修本。

三 錄自屈氏刻後增修本。

四 錄自清賀瑞麟清麓文集卷五，清光緒二十五年劉氏傳經堂刻本。

二　著述提要

四庫全書總目砭身集提要（註一）

砭身集六卷（江蘇巡撫采進本），國朝劉鳴珂撰。鳴珂有易圖疏義，已著錄。陝西通志謂「鳴珂有志聖賢之道，隨處體認，有所得輒錄之，凡六卷」，即此書也。其書雖以集名，實則語錄。持論亦頗醇正，然其中多駁經之說。如疑儀禮喪服傳父在不得爲母三年，妾生之子適母在不得爲其母服，及叔嫂無服，皆逆於人心自然之理。又疑禮記抱孫不抱子爲厚於孫而薄於子，祭必立戶是僞爲祖父，非百世不易之典。凡此之類，皆據臆見以測聖人，執後世以疑前代，蓋講學而未能窮經者耳。卷首有臨潼教諭王修所作鳴珂傳，其標題曰大茂才理學名儒伯容劉公傳，亦不知文章體例。至稱鳴珂學行載於大清國史，尤鄉曲陋儒妄相誇耀，不知國家典制者矣。

四庫全書總目易圖疏義提要（註一）

易圖疏義四卷（江蘇巡撫采進本），國朝劉鳴珂撰。鳴珂字伯容，蒲城人。是書因周易啓蒙本圖書、原卦畫二篇之說而疏通其義。其稍有異同者，大傳「河出圖，洛出書，聖人則之」，謂「聖人」兼指羲、文，非專云伏羲；至「則之」之義，既取邵子加一倍法，則如朱子之說可自六十四而加之，以至無窮矣。乃復謂六十四卦之畫，限以六位，爲三才之義；又不知乾一兌二之數出於小橫圖，而以爲邵子逐爻漸生之說與之天然吻合，皆未免彌生繳繞。其解易逆數也，謂自震一陽歷離、兌二陽至乾三陽，左旋而順。自兌一陰歷坎、艮二陰至坤三陰，左旋而逆。以乾一兌二之序推之，則陽進陰退，皆爲逆數，則較邵、朱之說頗爲貫穿。然亦易外之旁義。至於本來知德之說，以羲易爲錯，文易爲綜，益強生區別矣。

校記

一 錄自清永瑢等撰四庫全書總目（北京市：中華書局，一九六五年），頁八三四。

二 錄自清永瑢等撰四庫全書總目（北京市：中華書局，一九六五年），頁八十七。

三　墓表、傳記

伯容劉先生墓表

梁善長

伯容劉先生，諱鳴珂，蒲城人。少有文名，受知於督學使者張公，試輒高等，而以博士弟子員終。先生有志聖賢之道，隨處體認，心有所得，輒付之楮，久之成書六卷。大約以正心誠意爲指歸，而於天人、理欲、王霸、儒釋之分辨之極精，蓋庶幾乎可以登程朱之堂焉。王子箴序其硜身集者如此，載陝省通志中。

康熙壬申，歲饑，同邑南阜山人景嵩就館於延。一日，之柏林寺。寺僧倩人曰：「蒲有劉伯容者，日傍古柏，手一編。衲曰：『求生不得，讀此奚爲？』伯容曰：『應餓死，不讀書也死；不應餓死，讀書卻不得死。』時有富翁路姓者，聞而異之，即欲辭其子之師馬姓者而延伯容。伯容曰：『翁延我，我生。辭馬，馬死。寧我死耳，毋令馬不得生也。』未幾，馬以病歿，乃延伯容。伯容曰：『馬，韓城人。韓亦大荒。今馬之妻子在，翁能贍其妻子，待年豐並其柩送歸，我即應翁。不則不也。』翁如伯容言。故伯容生而馬之妻子亦不死。」伯容操行凜

若冰霜，及見其人則和平大雅，如坐春風中。自是遂與定交焉。（註一）

伯容少時，嘗與弟仲昭、屈子悔翁、佩玉訪「關中三李」，然亦不聞其師「三李」也。後仲昭舉於鄉，悔翁以詩酒周行不反。佩玉死無所歸，伯容殯之。當伯容館柏林，倩人誘以佛而伯容固，儼然儒也。伯容尊人克佐先生有句云：「借問當年程伯子，觀物何似靜中天。」母和太君撫育群孤，化及物類。伯容曰：「吾仁厚不及吾父，寬洪不及吾母，沉靜簡默不及吾弟，一門之內皆吾師也。」南阜山人之序其集也又如此。

余宰白水之五年，劉子斗上從友人家得先生集，攜以示余。余披讀之，甚敬其為人，思得一見。劉子曰：「伯容先生辭塵世已二十餘年矣。」余鬱悒者久之。己卯夏，余署蒲篆。先生次郎恩貢生泰偕其弟盧中來謁，出先生集以贈。余復讀之，觀其論大學「明德」，謂：「言心，便有人心、道心。明德則以心之純乎道心者言。」又曰：「心者，理氣之會也。氣之精明在此，理之凝聚亦在此。」論「至善」，謂：「即中庸之『中』，『止』則用之至當處。」又曰：「體用一源，顯微無間。用之至當處，便是體之至明。」其論「仁」，則曰：「仁包禮、義、智。仁是此性中生理，義、禮、智也是這段生理。」論「義」，則曰：「精義所以為集義之地，徙義所以盡集義之事。」又曰：「在物為理，以天理之自然言；處物為義，以人心之權度言。」其論「鬼神」，謂：「就天地之道言之，則曰陰陽；就陰陽之靈妙處言之，則曰鬼神。鬼神，一陰陽也。陰陽，一太極也。故曰『誠之不可揜』。」其論「動靜」，則曰：「天圓而地方，陽動而陰靜，圓則行，方則止。仲淹之說亦可通。」又曰：「先儒皆以靜爲見天地之心，伊川獨以動之端爲天地之心，蓋謂天地生物之心於一陽來復乃可見耳。愚謂動靜皆天地之心。天人一也，天之靜即喜怒哀樂未發之中，天之動即喜怒哀樂已發之和。」其論「敬」，則曰：「常惺惺，敬之存於內者也。整齊嚴肅，敬之見於外者也。主一無適，包括內外兼統動靜。自初學以至於聖人，均有所不能外也。」又曰：「程子云『有主則虛，虛謂邪不能入』。愚見有主則實，實謂理不能遺。」其論禮運，謂：「直從天命源頭上說起，見天道人事合而爲一，即樂記『天高地下，萬物散殊，而禮制行』之意。」又云：「禮必本於太一，其降曰命，即易太極是生兩儀道理。以其理之至大而無以復加言，則曰太極；以其理之無聲無臭而言，則曰無極。橫渠謂之「太虛」，以理之不貳不雜言，則太一乃萬物萬事之所自生，禮之源也。不惟三千三百出乎其中，即天地陰陽五行，一以貫之矣。」又曰：「禮樂分言之，禮有禮之內外，樂有樂之內外。禮樂對舉，則樂以蕩滌其邪僻之心，消融其亢厲之氣，故曰『修內』；禮以飭其儀容，束其筋骸，故曰『修外』。然內未嘗不達於外，外未嘗不養乎內，故繼之曰『禮樂交錯於中』。」又曰：「樂有發散之意，禮有收斂之意。樂主氣而屬陽，禮主質而屬陰。故兼天地而言禮樂，則天地之發舒者，陽也。而樂亦發舒，所謂『仁近於樂』也。天地之斂藏者，陰也，而禮以斂藏，所謂『義近於禮』也。故曰『與天地同和，與天地同節』。分天地言禮樂，則樂者陽之動而生物者也，禮者陰之靜而成物者也。故又曰『樂由天作，禮以地制』。

究之，陰陽非判然兩物，禮樂亦非截然二事。禮主於序，序中有和；樂主於和，和中有序。二者迭相爲用而不相離，如天地陰陽之交錯而成化育也。」此皆折衷允當，剖辨明晳，足補先儒所未備。而其生平致力，則在於「隨處體認天理」，得延平、甘泉之要旨。先生之言不余欺也。我朝廷纂修經籍，詔求遺書，時無有以先生書獻者，故獨不見採錄，而先生時闇然自治，不汲汲求知於人，又何況於身後之名哉！

先生生於康熙丙午六月八日，卒於雍正丁未八月十二日，得年六十有二。己酉冬，葬於邑西北坡頭村之東南。所著砭身集六卷，外孫屈筆山梓以行。大中疏義五卷、易經疏義四卷、古文疏義十六卷、唐詩疏義四卷，俱未鐫。余恨不及見先生，而得交於嗣君，因得盡觀先生之著述，是可幸也。今嗣君請表其墓，余因書此，俾歸而勒諸碑云。

時（註二）乾隆二十六年夏五月朔日，賜同進士出身，知陝西同州府郃陽縣事、前白水縣知縣、歷署澄城、蒲城縣事，加一級紀錄九次（註三）粤東梁善長頓首拜表。

理學名儒伯容劉公傳（註四）

王　修

嗚呼！伯容，志道人也。姓劉氏，諱鳴珂，號誠齋。生康熙丙午，卒雍正丁未，壽六二。學行由陝志載大清國史，爲吾蒲望。祖霽嵐，明名茂才，痛賊闖之焚神器也，年方三七，竟棄頭巾，以躬耕老。父不群山人，松菊含杯，有五柳風。母和太君，苦撫群孤，化及異類，即從古亦罕見，故伯容不可以尋常計。總角時便以聖賢可自我學，而即以不能自我學爲己憂。外祖高士儀之和公每呼爲老友而不名。嘗依功過格記善惡，三十後則又止記過不記功。嘗置竹簡三，一書「存心不正，天厭之」，一書「出言不信，天厭之」，一書「制行不端，天厭之」。嗚呼！伯容與予，同修蒲志者也。予爲伯容傳，何如伯容之自爲傳？舍此以求伯容，則無以見伯容，又何以見予之所以傳伯容。因以見伯容之不可不傳，而又不可以泛泛傳。而凡不知伯容與凡知伯容而不知伯容之所以爲伯容者，皆可即此以見伯容。夫伯容固以三簡自終其身，而究無愧於三簡，而適如乎三簡者也。

性敏，好喜研精，苦心孤詣，窮且益堅，千言記頃刻，特餘事耳。然其手不與卷離，則又似強識者，宋五子書尤所醉心。乃往往談及留侯便津津不置，則又似心黃老者。砭身集有云「儒非敬則不能聖，釋非敬則不能佛，老非敬則不能仙」，又似歸三於一者。乃其家喪葬，則又不作佛事者何？嘗夢橫渠，曰：「當此不及時力學更何待？」由是志益篤，心機亦頓迅不自覺。一日，讀孟子書至天爵章，慨然以「要棄」爲戒，且曰：「修天要人尚非，況徒事詞章乎！」自是遂不復蚩心八股，然其於八股，儘堪羽翼經傳，不第弋科名也。入泮之作光豸，張文宗謂「其文即可繼熊翁武，連翩直上，至今猶傳誦不歇」。

篤志力行，尤喜別白程朱、陸王異同，而始則肆志牟尼，而一變乃至道。故當十八九歲偕悔翁、佩玉、其弟仲昭，造二曲徵君廬。二曲徵君甚欲伯容列其弟子，列屈首指，而伯容則心肯者惟朱宿，袁其姓，映斗其名。人不知朱宿，朱宿亦不求人知也。太白洞中非不勁雪木節，然亦不聞其太山、北斗也。雖以屈親故，冠童子軍入泮，而其心則仍以道德爲性命。予且即伯容之學，以約伯容之行。其持身則日常泥塑，遇變不驚，絕小慧遠大嫌，臨生死嚴取與，樂道人善，惡聞人非，恩必倍報，怨則立消，學魯男以潔體，卻夜金以洗心也。其奉親則一誠無僞，不樸不華。生事愛敬，死事哀戚。自初喪、卒哭以至練祥、禫祭，無不依古禮以行也。其治家則艱難備嘗，布置有條，厚責己，薄責人，公溥忍讓，能使五世同居，百口共爨，無間言也。其待宗黨姻親，則周困恤乏，炎涼悉化。奉無子之外祖父如奉其母，奉無子之外叔祖父母如奉其無子之外祖父，躬調藥餌，親徹便溺。奉母命來去外家，三十里頻進，甘旨而不厭也。其交友則感以誠信，規以道義；生則通其財，沒則恤其家。千里弔祭而不以爲遠也。又如三年不怠以督文廟之工，迂道越境以謁往哲之祠墓，引繩削墨以造就一時之英俊，養育教誨以曲成遠方之孤寒。雖皆近今所罕睹，然遂足以盡伯容乎？

高安相公朱提學全陝，冰心在玉。以考案報遲，除伯容特三等耳。乃於辛卯鄉試向通省舉子各寓所約懇鑒臨都院，永代請開復，而高安遂由此扶遙直上底學士極參贊職，使其立朝供主，其樹立豈即在古人下。蒲令汪謂伯容千金不能動其心，帥知名紳士優觴伏俯，擁上座，強伯容主縣志筆，予佐之。不謂修志，時即有其事也。知人若汪侯，不誠加人一等哉！獨怪伯容採訪甚夥，而所刻者僅十之三二，爲伯容後者倘能即所採呈，揮金令刻附汪志，將不第爲伯容幸矣！伯容隨處體認天理解，即載汪志。

學人無其風韻，才人有其精實乎。夫伯容即所學以爲行，固行無可擇，而其於韓城馬、佩玉屈也，則尤人所難能者。佩玉學道安貧，窮經不試，僅顏年。伯容具棺木以葬，而即助養其母與妻及其孀嫂，每柴米其家，不聞其母聲則不敢以驟入。其弟楚浪游無迹，其母以延訪囑伯容。伯容於貿易遠方者，攜酒叩頭，三年幾致書百而無迹之楚忽至，蓋得於通衢要口，遇伯容所致書故至也，而其母幾以楚爲鬼，驚疑交加，旋又轉疑爲哭，嗣大喜，故伯容自謂「平生快心事無愈於此」。茫茫大地，何處著腳，筆飛墨走，母子如昨。若伯容者不幾可以師百世乎！後又爲佩玉傳，載蒲志成不朽。嗚呼！朋友之交，朝如漆暮割席者，比比皆是也，況一死一生乎？中峰景、澧川王、臥隱呂、伏遠楊、月賓段、一峰康、清峰賈、亮工王、淳伯劉、沛然張，雖皆伯容交好友，然未有如於佩玉之甚者。沛然張雖不識字，卓然聖賢路上人，其於伯容亦幾伯容之於佩玉，使其臨不測，亦將如於佩玉乎！佩玉、悔翁皆伯容孩提交，悔翁思伯容兄弟不置，而伯容之於悔翁，若喜其周行天下，若又不喜其周行天下者，亦獨何哉。嗚呼！少壯相別，老死不復一見，傷已！岱雲先生李，伯容素所欽仰，久欲出關一訪，惜未果。及讀中峰景砭身集序，序伯容於馬先生事，乃以素不識面之人，不以「得則生、不得則死」迷義利、橫得失，以自奪其心性，求之天下，竊恐其有一而無二也。素患難，行乎患難，非伯容其誰與歸？予即不敢驟以聖賢許，亦當在豪傑之間。聞伯容高祖龍盧公學生業師翟老且獨，龍盧公父母其家者十餘載，及沒，服子服以葬。伯容之於屈、馬，宛然龍盧再來，無愧乃祖，是即無愧往哲也。伯容與人純是一團和氣，讀蒲志義狗傳後贊，每令人不寒而慄。人耶？文耶？抑何其不相符耶！

「大夢能有幾日，華萼樓上須念祖宗一氣；上壽不過百年，雁行隊中莫聽妻子二心」，此伯容將沒之年元旦堂聯也。若預知其將沒而故屬者，蓋其所惓惓也。人或以伯容終茂才，未得一舉，爲伯容惜。嗚呼！以此惜伯容，又烏足以知伯容哉。夫伯容豈以自外至者爲榮辱哉。伯容屢薦不中，屢中仍落。不知伯容者咸爲伯容惜，知伯容者則實爲伯容幸。夫當昇平之宇，抱道不出則拘，出而不遂其出，而生氣遂漸次以絕，則又俗不可耐。伯容始方學道，本不欲出，繼則以不欲出爲拘，終又不以不得遂其欲出之心稍減其生氣，以蹈於俗。不舍「拘俗」兩字，其又何以見我伯容哉！死於俗似遜死於拘，死於拘何如死於不拘又不俗。「朝聞道，夕死可矣」，死於拘似勝死於俗，若曰「聞道」則未也。即謂伯容惟不舉，故得著書以不死猶淺之乎，其測伯容者也；至若知伯容，而以伯容初不欲出，繼又欲出而究未得出爲伯容俗者，豈知彼之不終於俗，究終於拘哉。終於拘，即終於俗，惟俗與拘，皆不可以言知道。「聞說燕山竇十郎，階前丹桂五株香。自愧涼德空山老，到處逢人問義方」，此伯容得五子十三之句。眞乎戲乎，戲乎眞乎！不禁爲伯容惜，又不禁爲伯容幸，然而惜甚。惜其不雜以科舉，則詩、書、論、孟皆將發前人所未發，豈遂以大中、周易畢乃事哉？又何至大中疏義自以爲於心不慊，周易卦爻尚未得終其局哉。然康熙庚午之年，爲伯容科舉之始，即伯容砭身集開筆之初，伯容沒而砭身集之筆乃絕，則自庚午至丁未科舉之年，皆其著書之年矣。道並行而不相悖，又何必不爲伯容幸哉！砭身集有云：「子見南子，子路不說，直是壁立千仞，聖人難驟學，須從此處下手。」又曰：「孔孟當年是如何？今日是如何？我輩今日是如何？他年當如何？」又曰：「從古帝臣王佐，當其在野必不做英雄未遇態，激昂草澤中也。」味其言，不可以知其人乎？予何敢謂伯容即王佐才？激昂草澤，我未之見也。砭身一書有功世道不淺，讀禮說亦從來稀有，大中、周易疏義並古文皆堪垂久遠不朽。修志時不便，種種促抄，故第以易圖、砭身集獻。

伯容祖籍富平，遠祖德遷蒲西小武村，今名溝劉。四世釗遷縣城內，與予家同慧徹坊。霽嵐先生又自縣隱堯莊，伯容生焉。堯莊者，侍講孟暘之故里也。

贊曰：伯容雖今，實古之人。智則員，行則方也。學宗考亭，教倣安定，家法則依希陳、鄭也。尚義氣，重交游，日著書立說，以翊翼先聖之道爲己任。都哉！其在宋蔡仲默、明楊升菴之間歟。同邑學弟臨潼教諭（註五）王修子箴氏拜撰。

關學續編伯容劉先生（註六）

李元春

先生名鳴珂，蒲城諸生。有文名，試輒高等。有志聖賢之道，以李延平、湛甘泉「隨處體認天理」爲宗。父克佐，嘗有句云：「借問當年程伯子，觀物何似靜中天。」母和，撫育群孤，化及物類。伯容曰：「仁厚不及吾父，寬洪不及吾母，沉靜簡默不及吾弟，一門之內，皆吾師也。」其弟名仲弢，伯容常與仲弢暨屈子悔翁及佩玉訪「關中三李」，然亦不師「三李」也。後仲弢舉於鄉，悔翁以詩酒周行不反，佩玉死無所歸，伯容殯之。

康熙壬申，西安大荒，蒲爲甚。伯容就食延安，居柏林寺。日傍古柏，手一編。僧曰：「求生不得，讀此奚爲？」伯容曰：「應餓死，不讀書也死；不應餓死，讀書卻不得死。」時有路姓富翁，聞而異之，即欲辭其子之師馬姓者，而延伯容。伯容曰：「翁延我，我生；辭馬，馬死。寧我死，毋令馬不得生也。」未幾，馬以病歿，乃延伯容。伯容曰：「馬，韓城人。韓亦大荒。今馬之妻子在，翁能贍其妻子，待年豐送其柩歸，我即應翁，不然否。」翁如伯容言。故伯容生，而馬之妻子亦不得死。

伯容操行，凜若冰霜，及見其人，則和平大雅，如坐春風中。既志聖學，遂不復應試。著有大中疏義五卷、易經疏義四卷、古文疏義十六卷、唐詩疏義四卷，俱未鐫。砭身集二卷，甥屈筆山刊之在延安。同邑南阜景嵩亦館延，聞其辭路氏學，訪之，因定交。砭身集之刊，實爲序。其後扶風有費善齋，名尚友，諸生，亦講正學。槐里寤言，予命儿南錄其若干條，刊之附後，足見其概。朝邑李元春時齋撰。

關學續編伯容劉先生（註七）

賀瑞麟

先生名鳴珂，字伯容，蒲城諸生。自少有志聖賢之學，大抵以正心誠意爲指歸。其於天人、理欲、王霸、儒釋之分，辨之極精，闇然自修，不求人知。康熙壬申，歲大荒，就食延安，日傍柏林寺古柏，袖書披讀。寺僧異之，問曰：「乾坤何等時也，求生不得，讀書何爲？」先生曰：「該餓死，不讀書也死；不該餓死，讀書卻不得死。」其時有富翁路姓，欲延先生教子，而辭其師馬姓者。先生曰：「君延我，我生；辭馬，馬死，寧我死耳。」辭不就。未幾，馬病死，乃延先生。先生又曰：「馬先生，韓城人。韓亦荒。今馬死，妻子歸亦死，不歸亦死。君能養其妻子，待年豐並其柩送歸，我即應君，不則不也。」路聞先生言，益欽服。學生值日支應馬妻子，間有惰者，輒責之，於是馬妻子得不死。友人死無所歸，先生爲之殯，其志節如此。

潛心程朱，隨處體認，有所得輒筆之於書。父克佐有句云：「借問當年程伯子，觀物何似靜中天。」母和苦撫群孤，化及異類。哺雛鷄死，他鷄代哺，如己雛，卒各成。蓋先生之學，其來有自。嘗曰：「古人高山景行，處處皆是。吾仁厚不及吾父，寬洪不及吾母，沉靜淵默不及吾弟，一門之內，皆吾師也。況古人乎？」又曰：「天地人物，本是一個物事，只是多一殼子耳。」旁注云：「壬申避荒至洛邑，臥於大樗之下，仰觀天，俯察地，悠然有會，因援筆書此。」又曰：「論心，便有人心、道心。大學『明德』則以心之純乎道心者言。」又曰：「心者，理氣之會也。氣之精明在此，理之凝聚亦在此。」又曰：「精義所以爲集義之地，徙義所以盡集義之事。」又曰：「伊尹樂堯舜之道，卻變『揖讓』爲『征誅』。非精一工夫到極頭處，如何做得此事出？」又曰：「曾子曰：『與朋友交而不信乎？』又曰：『以文會友，以友輔仁。』博約工夫俱資友以成，離卻『信』字，講學輔仁終有不盡處。」又曰：「孟子論友，發前聖所未發。說『不挾貴』，直到『天子友匹夫』；說『取善』，直到『尚友千古』。眞石破天驚之論，道理卻極平實極精當。」又曰：「人生百年瞬息，俗事不得不應，俗人不得不接，但精力有限。羲皇以來之心法並未得貫徹於一心，而髮已白，齒已動搖，尚與碌碌者輩討生活耶！古人杜門謝客，不爲無見。」至論陰陽、禮樂，精微之致，尤多允當明晰，足補先儒所未備，即此可見先生所學之深矣。所著有砭身集、大中疏義，又有易疏義、古文疏義、唐詩疏義，惟砭身集行世。

關學宗傳劉伯容先生（註八）

張驥

先生諱鳴珂，字伯容，蒲城人。邑庠生。有志聖學，以正心誠意爲指歸，而於天人、理欲、王霸、儒釋之分，辨之極精。闇然自修，不求人知。家貧，事親極先意承志之樂。與人交，尤重氣誼。康熙壬申，歲大饑，就食延安，日傍柏林寺古柏，袖書披讀。寺僧異而問之曰：「乾坤何等時也，求生不得，讀書何爲？」先生曰：「該餓死，不讀書也死。不該餓死，讀書卻不得死。」時有富翁路某延以教子，而欲辭其舊師馬某者，先生曰：「延我，我生；辭馬，馬死。寧我死耳！」辭不就。未幾，馬死。又延之，先生又曰：「馬，韓城人，韓亦荒。今馬死，妻子歸亦死，不歸亦死。君能養其妻子，待年豐並其柩而歸之，我即應君，不則不也。」路益欽服。由是馬妻子得不死。故人屈琚歿，母老無依，弟又不知所往，先生力爲營葬，尋其弟歸以養母。其志節如此。

其學恪守程朱，隨處體認，有所得輒筆之於書。父克佐嘗有句云：「借問當年程伯子，觀物何似靜（註九）中天。」母和亦苦撫群孤，化及異類，哺雛鷄死，他鷄代哺如己雛。蓋先生之學，其來有自。嘗曰：「古人高山景行，處處皆是。吾仁厚不及吾父，寬洪不及吾母，沈靜淵默不及吾弟，一門之內皆吾師也，況古人乎？」又曰：「天地人物本是一個物事，只是多一殼子耳。」又曰：「論心便有人心、道心，大學『明德』則以心之純乎道心者而言。」又曰：「心者，理氣之會也，氣之精明在此，理之凝聚亦在此。」又曰：「精義所以爲集義之地，徙義所以養集義之事。」又曰：「伊尹樂堯舜之道，卻變揖讓爲征誅，非精一工夫到極頭處，如何做得此事出？」又曰：「曾子曰『與朋友交而不信乎！』又曰：『以文會友，以友輔仁』，博約工夫，俱資友以成，離卻『信』字，講學輔仁終有不盡處。」又曰：「孟子論友，發前聖所未發，說『不挾貴』，直到『天子友匹夫』；說『取善』，直到『尚友千古』。石破天驚之論，道理卻極平實、極精當。」又曰：「人生百年瞬息，俗事不得不應，俗人不得不接，但精力有限，羲皇以來之心法，並未能貫澈於一心，而髮已白，齒已動搖，尚與碌碌者流討生活耶！古人閉門謝客，不爲無見。」其他論陰陽、禮樂，精微之致，尤多允當明晰，足補先儒所未備。即此可見先生之所造矣。有砭身集、大中疏義，又有易疏義、古文疏義、唐詩疏義、璇璣圖讀法（註一〇），惟砭身集行世。

雍正陝西通志人物志劉鳴珂（註一一）

劉鳴珂，字伯容，蒲城諸生。性孝友，居貧，養親極先意承志之樂，與人交尤重氣誼。故人屈琚歿，母老無依，有弟又不知所往，鳴珂力爲營葬，並覓弟歸以養其母。西河李重丙少年不偶，因延致於家，俾就讀後，得爲知名士。蒲令汪兆鼎聘修邑志，有富人挾重貲，浼爲伊父作佳傳，卒不許。初，鳴珂父襄謨友愛諸姪，撫育如己子，及卒，呼子鳴珂、玉珂，諄諄以同居爲囑。今緦服同爨，食指六十餘人無間言，皆襄謨遺訓也。玉珂，康熙辛卯舉人，性行肫篤如其父兄。

校記

一　「自是遂與定交焉」，據景嵩砭身集序「伯容操行凜若冰霜，……自是遂與定交焉」知，「自是遂與定交焉」爲景氏自道，而非倩人語，定交者亦非本文作者梁善長。此處爲誤引景氏語。

二　「時」，原闕，據屈氏刻後增修本補。

三　「賜同進士出身知陝西同州府郃陽縣事前白水縣知縣歷署澄城蒲城縣事加一級紀錄九次」，原闕，據屈氏刻後增修本補。

四　「理學名儒伯容劉公傳」，屈氏刻後增修本作「大茂才理學名儒伯容劉公傳」。

五　「臨潼教諭」，原闕，據屈氏刻後增修本補。

六　錄自魏冬新訂關學編（西安市：西北大學出版社，二〇二〇年），頁二三六至二三八。

七　錄自魏冬新訂關學編（西安市：西北大學出版社，二〇二〇年），頁二三八至二三九。

八　錄自張驥關學宗傳（西安市：陝西教育圖書社排印本，一九二一年），卷四十三。

九　「靜」，原作「鏡」，據景嵩砭身集序改。

一〇　該書爲劉玉珂所撰。光緒蒲城縣新志卷六藝文志作璿璣圖讀法。

一一　錄自清劉於義修、沈清崖纂：雍正陝西通志卷六十二人物志，雍正十三年刻本。

古籍景印叢書・典籍點校整理叢刊　0304Z01

劉鳴珂集

作　　者　〔清〕劉鳴珂
編　　校　張波　平靜
責任編輯　林以邠
實習編輯　尤汶萱　陳巧瑗　許雅軒

發 行 人　林慶彰
總 經 理　梁錦興
總 編 輯　張晏瑞
編 輯 所　萬卷樓圖書股份有限公司
臺北市羅斯福路二段 41 號 6 樓之 3
電話 (02)23216565
傳真 (02)23218698

發　　行　萬卷樓圖書股份有限公司
臺北市羅斯福路二段 41 號 6 樓之 3
電話 (02)23216565
傳真 (02)23218698
電郵 SERVICE@WANJUAN.COM.TW
香港經銷　香港聯合書刊物流有限公司
電話 (852)21502100
傳真 (852)23560735

ISBN 978-986-478-782-1
2023 年 1 月初版一刷
定價：新臺幣 300 元

本書為臺灣師範大學國文學系 2022 年度「出版實務產業實習」課程成果。部分編輯工作，由課程學生參與實習。

國家圖書館出版品預行編目資料

劉鳴珂集 / (清)劉鳴珂撰 ; 張波, 平靜編校 . -- 初版. -- 臺北市 : 萬卷樓圖書股份有限公司, 2023.1
面 ; 公分. -- (古籍景印叢書. 典籍點校整理叢刊. 304Z01)
ISBN 978-986-478-782-1(平裝)
1.CST: (清)劉鳴珂 2.CST: 學術思想 3.CST: 清代哲學 4.CST: 傳記

127　111019449